APRIL 16 - MAY 5, 2021

エベレストに21回登頂したシェルパ、プルバ・タシ。頼れる男。

タルチョがたなびくテンジン・ヒラリー橋。これがナムチェバザール前の最後の吊り橋だ。

アイスフォール手前にある、エベレストベースキャンプ。標高5364メートル。

人々も見える。

馬蹄形の谷に広がるナムチェバザールの街。一番低いところにストゥーパ（仏塔）が建っている。川で洗濯をする

クムジュン村の自邸でくつろぐプルバ・タシと、食事の準備をするラチュー。

エベレスト街道を行き来するポーター。近隣の村では、荷運びは大切な賃金労働のひとつ。

エベレストベースキャンプから荷物を運びだしているポーター。

エベレストベースキャンプで働くキッチンボーイたち。

マナスルのベースキャンプでバレーボールの試合をするシェルパたち。標高 4800メートル。

HDPE

橋を渡るロバ。エベレスト街道はもともとシェルパ族の交易路になっていて、ヤクも馬もロバも人も同じ道を通る。

女性のポーターもいる。額と背中で重い荷物を安定させる。T字型の杖は休憩時の支えになる。

クムジュン村の僧侶。袈裟が赤いのでジャケットも赤色がいいと言う。新しい服をとても喜んでくれた。

MISSION 14

アマダブラムのベースキャンプで山の様子を眺めているペンバ。日本語が上手で三浦雄一郎隊のシェルパ頭を務めた。

エベレスト街道を行くヤク。

マナスルのベースキャンプでキッチンを切り盛りしていたプリ。

シェルパの友だち、ロプサンのお母さん。クムジュン村にて。

マカルーのベースキャンプ近くの小屋でトランプに興じるシェルパたち。

クムジュンの寺の若い僧侶。右はクムジュン村に暮らすプルバ・タシ。寺に寄付金を渡した後の記念撮影。

左が今回の旅をガイドしてくれたダワさん。日本の剱御前小舎で働いていた経験を持ち、日本語を話す。真ん中は

エベレストのベースキャンプにて、荷物を運ぶヒマラヤンエクスペリエンス隊長のラッセル・ブライス。

ポルツェの宿の裏で休息していたヤク。首にかけてある鈴の音を聞くと、ヒマラヤ登山を思い出す。

シェルパの友だちに会いに行く

CONTENTS

巻頭のシェルパたちの写真は、写真集『SHERPA』からの抜粋と
今回の旅で新たに撮影されたものを掲載しています。

TREKKING COMPANIONS

プルバ・タシ

石川氏ともっとも親交が深いシェルパで、エベレスト登頂21回という記録を持つ。今回の旅ではクムジュン村から参加。他のシェルパからも尊敬を集めるプルバに、寄付金の使い途について相談した。

石川直樹

コロナ禍で困窮するシェルパの友だちに支援金を届ける今回の隊の主宰。2001年にエベレスト初登頂を果たして以来、ヒマラヤ8000メートル峰への登山歴も多く、シェルパとは厚い信頼関係を築いている。

ダワ・シェルパ

今回の旅のガイド。10代の頃から来日を繰り返し、日本の山々で仕事をしてきたので流暢な日本語を話す。ナムチェ出身で現在はカトマンズ在住。

亀川芳樹

フリーランスの映像ディレクター。極地での取材を得意としており、ヒマラヤでの取材経験も豊富。今回は石川氏を追うドキュメンタリーの制作も兼ねて参加した。

辻村慶人

編集者。写真集『SHERPA』の編集を担当した他、石川氏とは長きにわたり旅のトークイベントを企画している。初ヒマラヤであり、今回の参加者の中で唯一登山経験がない。

福島舞

出版社に勤務しながらトレイルランナーとしても活躍。休日には日本各地の山々を駆け巡っている。初めてのヒマラヤでは、石川氏とロブチェピークに挑戦。

日記の中の写真は、すべて石川氏のスマートフォンによって撮影されています。

MAP

エベレスト街道は迷うことのない一本道、と言われるが、厳密に言うとそうではない。ナムチェからタンボチェに向かうルートと、ナムチェからクムジュンやポルツェに向かうルートに分かれている。結局途中で合流するので、道のりに大差はないものの、ぼく自身はクムジュンを通るルートをよく使っている。それはシェルパの友だちが住む村をより多く通るからだ。

行程表

DAY 1	4月16日	日本 — カトマンズ〔1400m〕
DAY 2	4月17日	カトマンズ〔1400m〕— ルクラ〔2846m〕— モンジョ〔2835m〕
DAY 3	4月18日	モンジョ〔2835m〕— ナムチェバザール〔3440m〕
DAY 4	4月19日	ナムチェバザール〔3440m〕
DAY 5	4月20日	ナムチェバザール〔3440m〕— クムジュン〔3780m〕
DAY 6	4月21日	クムジュン〔3780m〕— ポルツェ〔3810m〕
DAY 7	4月22日	ポルツェ〔3810m〕
DAY 8	4月23日	ポルツェ〔3810m〕— ペリチェ〔4240m〕
DAY 9	4月24日	ペリチェ〔4240m〕
DAY 10	4月25日	ペリチェ〔4240m〕— ロブチェ〔4910m〕
DAY 11	4月26日	ロブチェ〔4910m〕— エベレストBC〔5364m〕— ロブチェ〔4910m〕
DAY 12	4月27日	ロブチェ〔4910m〕— ハイキャンプ〔5300m〕
DAY 13	4月28日	ハイキャンプ〔5300m〕— ロブチェイーストピーク〔6119m〕— トゥクラ〔4620m〕
DAY 14	4月29日	トゥクラ〔4620m〕— ナムチェバザール〔3440m〕
DAY 15	4月30日	ナムチェバザール〔3440m〕
DAY 16	5月1日	ナムチェバザール〔3440m〕— ルクラ〔2846m〕
DAY 17	5月2日	ルクラ〔2846m〕— カトマンズ〔1400m〕
DAY 18	5月3日	カトマンズ〔1400m〕
DAY 19	5月4日	カトマンズ〔1400m〕
DAY 20	5月5日	日本

標高の推移

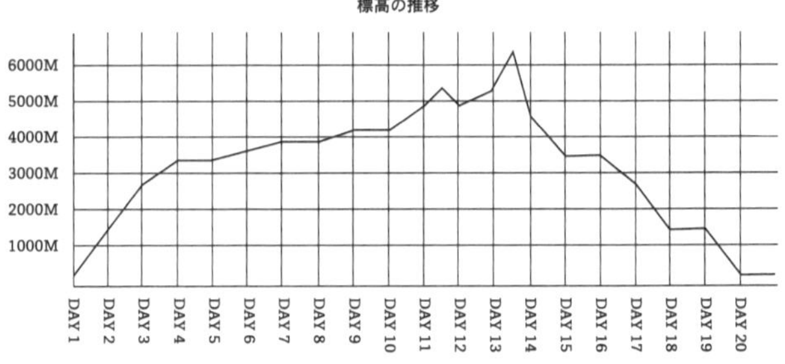

エベレスト〔8848M〕
チョオユー〔8188M〕
ローツェ〔8516M〕
エベレストベースキャンプ〔5364M〕
ゴラクシェプ〔5170M〕
ロブチェイーストピーク〔6119M〕
ロブチェ〔4910M〕
トゥクラ〔4620M〕
ペリチェ〔4240M〕
ディンボチェ〔4350M〕
ポルツェ〔3810M〕
パンボチェ〔3930M〕
クムジュン〔3780M〕
タンボチェ〔3870M〕
モンジョ〔2835M〕
ナムチェバザール〔3440M〕
ルクラ〔2846M〕
カトマンズ〔1400M〕

はじめに

２０２１年4月から5月にかけて、ぼくは友人たちとネパールに出かけた。
２０２０年初頭から世界はコロナ禍に突入し、ぼく自身も海外へ行かれなくなって久しい。そして、たった今も新型コロナウイルスの感染拡大は収束するどころか、変異株などの登場によって世間をにぎわせている。
この疫禍がなければ、２０２１年夏は東京オリンピックのから騒ぎなどをよそに、ぼくはカラコルムで2カ月以上の登山遠征に参加する予定でいた。しかし、それもすべて白紙になってしまった。
コロナ禍の余波に関しては、日本でも様々な影響が取り沙汰されているが、インフラの整っていない途上国のほうが、その影響はより深刻だ。遠征が白紙になって困ったのはぼくだけではなく、ヒマラヤを抱えるネパールという小国、特に観光や登山のガイドによって一年の生計を立てているシェルパたちはかつてないほどの困難な状況に直面していた。ネパールの登山シーズンは、一年のうち、春と秋の2回やってくる。モンスーンが到来する夏と、雪に閉ざされる冬は登山には適さない（ぼくが2021年の夏に行こうとしていたのはカラコルム山脈で、パキスタンに位置する。カラコルムの登山シーズンはネパールから少しだけずれて、夏なのだ）。

2020年春は新型コロナウイルスの感染拡大を防ぐため、ネパール政府によってヒマラヤの入山が禁止され、ヒマラヤにおけるツアーや遠征の類は全てキャンセルになった。こうしたツアーや遠征に参加する外国人が支払う費用はネパールの物価からすればとても高額である。シェルパたちは賃金に加えて、8000メートル峰ならば登頂ボーナスなどもあって、春と秋の遠征隊に参加するだけで1年間余裕をもって暮らしていけるほどのお金を得ることができた。が、2020年はそうした一切が絶たれ、多くのシェルパたちは一時失業し、故郷の村へと帰っていった。

地元の村では農作業に従事するくらいしか仕事がなく、家族を養っていく余裕はなくなっていく。日本のように政府からの援助（わずかだったけれど）もないために、知り合いのシェルパたちからはSNSを経由して悲痛なメッセージがぼくのもとに届いていた。

今まで数々の遠征でさんざんシェルパたちに世話になってきたこともあって、苦境に立たされているシェルパたちにどうにか恩返しができないだろうか、とぼくは考えた。そうして思いついたのが、写真集を作ってシェルパの生き方や文化を日本の人々に周知してもらいつつ、その本の売り上げを彼らに寄付するプロジェクトである。

写真集『SHERPA』は小さなプリント付き特別版30部を含む330部として、アウトドアウェアブランドのザ・ノース・フェイスとタッグを組んで、2020年10月16日に発売された。反響は大きく、わずか3日間で全て売り切れとなり、当初の目的はすぐに達成されることになった。

シェルパたちに寄付金を届ける方法だが、海外送金でどこかの団体や個人に送るよりは、自分が直接現金を手渡すのが一番確実だろうと考えた。彼らは今まさに困っているので、なるべく早いほうがいい。自分一人で行ってもいいのだが、今回はエベレスト街道を歩いてシェルパの友だちに会いに行く旅なので、厳しい旅ではないし、この素晴らしい道のりを歩く経験を誰かと分かち合うのがいいんじゃないか。そう思って、まず思い浮かんだのが、一緒に写真集『SHERPA』を作った編集者の辻村慶人さんである。辻村さんは『TOO MUCH MAGAZINE』という英語のカルチャー誌の編集長で、英語はペラペラだが、登山の経験はまったくない。でも、10年近く共に仕事をしていて、旅のトークイベントもたくさん企画しており、ヒマラヤに関する知識だけは豊富だ。まず彼に声をかけたところ、即答で「行きます」と返事をくれた。

次に、写真集のアートディレクションを担当してくれた前田晃伸さんにも声をかけた。一時は同行できる予定だったのだが仕事の都合で行かれなくなってしまった。それと前後して、テレビ番組を制作するフリーランスの映像ディレクター、亀川芳樹さんと知り合い、何度か喫茶店で話をしているうちに、この旅に同行したいと申し出てくれた。まだお会いして間もないけれど、亀川さんは世界最高齢でエベレストに登頂した三浦雄一郎さんのヒマラヤ行きの前の高所順応の旅や、探検家の角幡唯介さんの北極圏グリーンランド遠征にも同行していて、フィールドでの経験は豊富だった。学生時代はアメフトをやっていたということでガタイもいいし、この人は信頼できそうだ、と思ったので、一緒に来てもらうことにした。

最後に、登山は初心者だけれど、これを機にヒマラヤにハマってくれそうな人を探した。友人・知人の顔を思い出していくうちに、トレイルランナーの福島舞さんの顔が頭に浮かんだ。かつて辻村さんと企画したトークイベントにも来てくれていたし、そういえばヒマラヤに行きたそうにしていたなあ、と。彼女は本書を出版してくれた青土社に勤務もしていて、一方でトレイルランナーとしての経験は十二分にあったが、高所登山や雪山登山はしたことがない。でも、単なる直感だがポテンシャルの幅がありそうだった。ダメ元で声をかけたら、すぐに「行きたいです」と返事が来た。ぼくと辻村さんと亀川さんという3人ではあまりにもむさくるしいので、女性がいたほうがいい。では是非、ということになって、今回の旅のメンバー4人が決まった。

ぼくは旧知の仲だったカトマンズの旅行会社マウンテンエクスペリエンス社のタムディンに連絡し、4人で行く旨を告げて、スケジュールを組んでもらうことにした。友人のシェルパの村を訪ねるだけでなく、体がなまっていたので6000メートル程度の山にも登りたいと思っていたし、できればシーズン真っ最中のエベレストベースキャンプに行って、顔見知りのシェルパたちにも会いたいと思った。こうした希望をすべて取り入れた日程が組まれ、ぼくたちの2021年春のヒマラヤへの旅が実現することになった。

コロナ禍における苦境はどこも同じだし、願わくばネパールの登山文化とシェルパたちの暮らしをほんの少しでも応援できないだろうか。そんな個人的な思いを起点に、4人による旅がはじまったのである。

4月16日

日本 − カトマンズ

成田空港にて。3つのバッグには登山道具、トレッキング装備、シェルパに手渡す服類などが入っている。

成田空港第2ターミナルは、繁忙期と比べたらもちろん人は少ないが、しかしそこまで閑散としているわけでもなく、ぼくの眼には普段通りの様子に映った。

コロナ禍に入る前に行った、最後の海外旅行は２０１９年8月のアラスカ・ユーコン川下りなので、今回のヒマラヤ行きはおよそ1年半以上ぶりの海外旅行ということになる。あれだけ頻繁に外国に行っていたのに、パンデミックの時代になってからいざ行こうとすると、様々な障壁が現れた。

いつもならタイ航空の飛行機でバンコクを経由してカトマンズに降り立つのだが、コロナ禍によってタイ航空がまさかの倒産という事態に見舞われ、現在、立て直しの真っ最中である。自分にとって痛手だったのは、その煽りを食ってタイ航空の成田―バンコク―カトマンズ便が使えなくなってしまったことだ。

ヒマラヤ遠征時、ぼくは大量の荷物を持っていくので、必ず重量制限に引っかかってオーバーチャージがかかる。しかし、タイ航空だったらスターアライアンスの自分が保持するステータスによって、オーバーチャージがほぼなくなって助かっていた。が、今後はそうもいかなくなってしまった。

今回は、新しく飛び始めたネパール航空の成田―カトマンズ直行便で行く。だが、このチケットの値段は高かった。タイ航空なら8万円くらいのところ、ネパール航空は16万円以上、倍の金額である。その上、荷物のオーバーチャージがいくらになるのか、と考えると頭が痛い。
しかし、恐れていたオーバーチャージは、一緒に行く編集者の辻村さんと、トレイルランナーの福島さんがビジネスクラスを予約してくれたおかげで、かからなかった。彼らと荷物をシェアすることで重量オーバーにならずに済んだのだ。
なぜこんなに荷物が重いのかというと、懇意にしているアウトドアメーカーのザ・ノース・フェイスからシェルパたちへの寄付として預かった新しい洋服たちが、人の入りそうなくらい大きなダッフルバッグに一分の隙間もないほどに詰め込まれているからだ。岩を運んでいるかのように重いけれど、コロナ禍によって困窮するシェルパたちへの手土産なので、がんばって運ぶしかない。
カウンターで、ＰＣＲ検査の証明書も提示した。ネパールに入国するためには日本出国前72時間以内のＰＣＲ検査陰性の証明書が必要となる。海外でも通用する英文の正式な証明書を出してくれる機関にお願いすると、料金は２７５００円。ぼくは仕事の関係で、昨年からすでに

6回ほどPCR検査を受けているが、今回の検査料金が一番高かった。コロナ前にはなかった出費が重なる。

ネパール航空の直行便はチケットの値段が高いわりにラウンジが使えないのが難点だが、カトマンズまでの飛行時間は7時間半のみである。カタール航空などの中東系の飛行機会社は値段こそ安いものの、トランジットを含めたら20時間以上はかかるので、それに比べれば乗り換えの疲労はかなり軽減される。

機内はほぼ満席で、乗客の9割がネパール人だった。乳幼児のいる家族連れも多く、飛行中は常に子どもたちの泣き声や話し声が聞こえていた。日本のインド料理店で働いている人々の多くはネパール人だとは聞いていたが、2021年4月のこの時期に、決して安くはないチケットを購入して日本から帰省する人々がこんなにも多いとは…。

隣に座ったネパール人女性は、静岡の飲食関係の会社で働いていたが、日本で世話になった会社のお偉いさんが脳梗塞で亡くなり、ネパールにいるお母さんも癌を患っていることから、この機に数カ月間、帰省するという。このような込み入った会話ができるほどに、彼女の日本語は達者だった。

ネパールへ帰る事情はみんなそれぞれだが、共通しているのは、機内にいるすべての人がPCR検査を受けて陰性の証明書をもらっているということである。とはいえ、2回ある機内食タイムに、すし詰めの乗客全員が一斉にマスクを外すときは、ちょっとだけ意識してしまう。うつしてしまわないか。うつってしまわないか。頭をよぎるこの不安こそが、パンデミックの時代における寂しい性である。マスクを外すことに対する躊躇(ためら)いが完全に払拭されるまで、いったいあとどのくらいの時間がかかるのだろう。

見ず知らずの他者に向けられる自分の意識の有り様に、ぼく自身が戸惑っている。旅を困難にしているのは、移動の制限ではなく、制限によって刷り込まれた意識の壁のほうではないか。久々の越境渡航は、自分自身の在り方をも見つめ直す、新鮮な旅になりそうだ。

7時間半の予定だったフライトは、カトマンズの天候が悪く、空港上空で飛行機が旋回を続けたために2時間以上も遅延した。機内の小窓からは雷の閃光がちらつき、本当に着陸できるのか不安だったけれど、ぼくたちはどうにか空港に降り立つことができた。

心配していた入国も、書類を見せただけで本当にスムーズに通り抜けられた。パンデミックの時代に国境をまたぐことはどれほど大変かと身構えていたのだが、必要な書類さえあらかじめ用意しておけば、問題はない。

到着予定時間を2時間も過ぎ、すでに日が沈んでしまったというのに、マウンテンエクスペリエンス社のチュルディィムが、空港の外で辛抱強く待っていてくれた。マウンテンエクスペリエンス社はタムディィンとチュルディィムという2人のシェルパの男性が経営する旅行会社で、ぼくは20年以上前から付き合いがある。ぼくたちはチュルディィムが用意してくれた車で、空港から安宿街のあるタメル地区に向かった。

定宿にしているホーリーヒマラヤホテルがコロナ禍のために休業中だったので、その隣のフジホテルを予約した。このホテルはぼくが17歳の時、すなわち四半世紀以上も前に泊まったことのある宿で、改装されてそのときとは外観も異なっているが、多少なりとも知っている場所だと思うと安心感があった。

とりあえず薄暗い部屋に荷物を降ろし、ホテルのロビーでもろもろの手続きに入る。まずは、旅行代金の先払いだ。これはチュルディィムに手渡した。そして、チュルディィムとのやりとりが済むと、次はキシャンである。キシャンは旅行会社から依頼された何でも屋で、地元の人の協力がないと難しい些事を手伝ってくれる。例えば、携帯電話をネパールで使えるようにするS

ＩＭカードについて、外国人がカトマンズで購入するのは多少面倒なのだが、そういうことも事前に言っておけば買っておいてくれる。今回も彼に10ＧＢのデータのやりとりができるＳＩＭカードを買っておいてもらった。これを自分のｉＰｈｏｎｅに装填すればシェルパの友人たちと電話でやり取りするとき、国際電話にならずに済む。また、電波のあるところならインターネットにも繋がるので、すこぶる便利なのだ。

その代わりというわけではないが、キシャンは日本でしか買えないものをいつもぼくにリクエストしてくる。今回は「中古のｉＰａｄを買ってきてくれないか」と言われ、日本でさんざん探して型落ちの安いｉＰａｄを手に入れて、お土産として持参した。カトマンズに着くと、ぼくはこうやって自由に旅するための下準備を整えるのだ。

もろもろのやりとりを終えると、夜の街に繰り出した。雨が降っていたとはいえ、やはり人は少ない。20時過ぎだったろうか、コロナ禍以前ならこの時間でも開いている店が多かったのに、今はどこも閑古鳥が鳴いている。かろうじて開いていた、ヨーロッパ人に人気だったエスニック料理のレストランも、地元客と思しき2人の男性が奥にいただけだった。

その店でタイ料理のパッタイを平らげ、雑貨店の中にある闇両替屋で日本円の現金2万円をネパールルピーに換えた。ＳＩＭカードも手に入れたし、カトマンズ市内でやっておくべきことはもうない。あとはインターネットが繋がるあいだに、残っている仕事をホテルの部屋でこなすだけだ。

ダッフルバッグ

THE NORTH FACEのベースキャンプダッフル。ちょっと前のベースキャンプダッフルは、肩に背負ったときに、ストラップがくるくる回転しやすかったのだが、昨今のタイプは回転しないように改良されて使い勝手がよくなった。サイズもXXLまであるし、乱暴に扱っても壊れないので、長期遠征の必需品となっている。サイドに付いているウェービングストラップが、ヤクやロバの背に乗せてロープで固定する際に便利なようで、特にヒマラヤ界隈ではニセモノが出回るくらい、よく使われている。色数も結構あるとはいえ、登山シーズンでは同じ色のバッグを使っている登山者も多く、もう少し変わった色や柄物を増やしてくれたらすぐに自分のものだとわかっていいかもしれない。

モンジョでは桜が満開だった。その下を行く村人。

4月17日 カトマンズ－ルクラ－モンジョ

朝、待ち合わせの時間に遅れてしまった。深夜から明け方の本当にギリギリまでメールの返信などをしていて、油断をしてベッドに入ったら起きられなかった。いつもこのように慌ただしく旅が始まる。出発前にやらなければならないことを、余裕をもって終わらせたためしがない。

ロビーには、ガイドを務めてくれるダワさんが来ていた。日本に17回も来たことがあって、北アルプスの剱御前小舎で働いたり、エベレストの世界最年長登頂で有名な三浦雄一郎さんの隊にクライミングシェルパとして雇われていたこともあって、日本語を話すことができる。一見するとどこにでもいそうなおじさんで、日本の街中ですれ違ったとしてもネパール人とは思わないかもしれない。多少腹が出ていて恰幅がいいので、ぼくより年上だと思い込んでいたのだが、同い年の43歳と聞いてびっくりした。

ガイドなしでエベレスト街道を歩くことももちろんできるのだが、宿の予約やポーターの手配などはシェルパに任せたほうが安心だ。何より、道中の話し相手として、ガイドがいたほうが楽しい。ぼくはこうしてエベレストトレッキングを20回近く繰り返し、たくさんのシェルパの知り合いを作ってきた。

ワゴンタクシーに乗って、ダワさんと空港に向かった。カトマンズの国内線空港はいつも混

街道沿いで、たまにバレーボールコートを目にする。ヒマラヤ地域では、サッカーや野球よりもバレーが盛ん。
エベレストビューホテルの手前にもコートがあるし、8000メートル峰のベースキャンプで試合をする姿も。

「世界一危険な空港」と呼ばれるルクラの飛行場。標高2846メートル。短い滑走路の先は断崖になっている。山々に囲まれていて天候が変わりやすく、頻繁に欠航するため、ここで足止めを食う登山者も多くいる。

沌としているのだが、今回は椅子などがこぎれいになっており、チェックインもスムーズだった。以前は待合室に入ると、トレッキングの格好をした外国人と地元ネパール人が半々くらいでごった返していたのに、登山シーズンど真ん中の4月にも関わらず、外国人の姿がない。ここもまた地元の人々だけだ。

たいして待つことなく飛行機に乗ることができた。いつものように、小型のプロペラ機である。向かうは「世界一危険な空港」というありがたくない称号で有名なルクラの飛行場だ。ルクラにある小さな空港の正式名称は、テンジン・ヒラリー空港。1953年5月29日にエベレストの初登頂を成し遂げたエドモンド・ヒラリーと、シェルパのテンジン・ノルゲイから名付けられた。

ルクラは標高2846メートルにあり、空港の滑走路はわずか500メートルほどしかない。成田空港は端から端までで4000メートルあるので、ルクラの滑走路がどれだけ短いかわかっていただけるだろう。しかも、滑走路自体が傾斜していて、その端は崖っぷちとなっている。崖から下までの落差は700メートル。離着陸に失敗して落ちようものなら、まず助からない。ヒマラヤの高峰に囲まれているので天気が変わりやすく、風や雲の影響をもろに受ける。

だから、空港がすぐ閉鎖されてしまうので、欠航は日常茶飯事だ。飛行機が全然飛ばずに1週間近くカトマンズやルクラで待たされることも、めずらしくない。

地元の新聞記事で読んだところ、テンジン・ヒラリー空港では、短い滑走路で100回以上の離着陸の経験を積み、ネパール国内で1年以上の飛行経験をもつベテランの操縦士だけが離着陸を許可されるそうだ。それでも頻繁に事故が起きているのは、これほど危険な空港にも関わらず、観光客の増加によって離発着の回数が年々増え続けているからだという。

とりわけカトマンズからルクラへ向かう往路は、いつも緊張を強いられる。カトマンズから飛び立った際は機体も安定しているのに、ルクラに近づくにつれて急に揺れ出して、その揺れがおさまることのないまま、あの短くて登り坂になっている滑走路にぶつかるように着陸するからだ。この空港では、離陸よりも着陸に高度な技術が要求されると聞いたけれど、さもありなん。今回も、ぼくは肩に力が入ったまま着陸の衝撃を受け止めて、「今日も無事だった…」と、大袈裟ではなく安堵するのである。何度利用しても慣れない。

タラップを降りて建物に入ると、目の前が荷物を受け取るカウンターになっていて、自動のベルトコンベアなどは当然ない。Tシャツで快適だったカトマンズからわずか1時間足らずのフライトで到着したとは思えないほどに空気がひんやりして、ヒマラヤの旅がここから始まることを否が応にも実感する。

飛行場をまわりこむように歩くと、そこはルクラの目抜き通りである。通りを歩いて数十メートルもすると、毎回出発前に立ち寄るナマステロッジがある。ここでレモンティーを飲んで一息つき、いよいよトレッキングのはじまりだ。日本を出てわずか2日目なのに、自分が標高2846メートルのヒマラヤの麓の村からザックを担いで歩き始めることができたことに我ながら驚く。こんな時期にネパールに来ているのにすべてが順調で、石ころにけつまずくことさえないのが逆に不思議なのだ。

ルクラからいつもの山道をモンジョまで歩いて、石造りの宿に宿泊した。

ローカットのトレッキングシューズ

THE NORTH FACEのフューチャーライトという新素材が使われたトレッキングシューズで、水にも強い。トレイルランニングのために開発された靴のようだが、ぼくはスピード感などの微細なレスポンスについては正直よくわからない。が、グリップ力などは申し分がなく、多少濡れた石の上でも滑って転んだりすることがほとんどなかった。底は固めだが、足も入れやすいし、履き心地もいいし、たまたま選んだ黒いモデルは普段でも履けるので重宝している。夏山やヒマラヤのトレッキングでは、ぼくはハイカットやミドルカットの靴は一切履かない。ローカットの靴だとテントや小屋から出入りするときも、すっと足を入れられて楽だし、軽いのが気に入っている。

ナムチェバザールの入口。2015年にネパールを襲った震災以降、新しい建物が次々と建っている。

4月18日 モンジョ ― ナムチェバザール

モンジョからナムチェに向かう道のりは、春を感じさせる牧歌的な風景が続く。途中、山桜を横目に歩き、許可証などを確認するためのチェックポストを経てサガルマータ国立公園に入った。世界最高峰エベレストは英語名で最も知られた呼び名だが、ネパールでは「サガルマータ」、チベットでは「チョモランマ」という呼称がある。

川沿いを歩きながら何度か吊り橋を渡り、徐々に標高をあげていく。やがて、道中で初めてエベレストとローツェが見える丘があって、地元女性がリンゴやコーラを売っていた。さらに歩き続けていくと、いよいよナムチェバザールに入るのだが、その直前に山菜の生える斜面があって、ダワさんがワラビを採ってくるという。ぼくたちは4人だけで先に進み、ナムチェ直前のチェックポストのあたりで待っていると、ダワさんが片手いっぱいにワラビを持ってやってきた。天ぷらを作ってくれるという。日本文化に親しんだダワさんの天ぷらが楽しみだ。

いよいよこの地域の交易の中心となる村、ナムチェバザールに入った。標高3440メートル、Uの字になった馬蹄型の谷に、家々やロッジが建ち並ぶ。この村は、エベレストに向かう人々が必ず泊まる関所のような場所で、周囲をヒマラヤの山々に囲まれている。

まずは川の流れの力を利用してぐるぐる回るマニ車が立ち並ぶ斜面を登っていく。マニ車は中にロール状の経文が納められているチベット仏教の仏具である。マニ車を横目にしながらナムチェの中心街に入る。ただし中心街といっても土産物屋やアウトドア用品店、レストランやカフェがぽつぽつと並んでいるだけだ。

過去に何度も訪ねた村だが、数年ぶりに行ってみると、新しいお店がいくつもできていた。焼き立てのパンとコーヒーを出す『エベレスト・ベーカリー』という有名店がいつのまにかなくなって、その跡地に『シェルパ・バリスタ』なるお店ができていた。入ってみると、大音量で音楽が鳴り響き、天井に設置されたテレビには、アメリカのプロレス番組が映し出されていた。マッチョな金髪野郎が雄叫びをあげながら、対戦相手のおっさんにラリアットを繰り出しているさまを、なぜに自分はヒマラヤの山奥で見なければならないのか。呆然としながら、昔ここにあった『エベレスト・ベーカリー』のほうがよっぽど落ち着ける空間だったなあ、と一人感慨に浸った。

しかし、これまでヒマラヤのキャンプ地で本格的なコーヒーは一切味わえなかった。粉末のインスタントコーヒーがせいぜいで、味もへったくれもない。ぼくは、ベースキャンプで飲むコーヒーを、黒いお湯だと思っていつも飲んでいた。が、『シェルパ・バリスタ』のコーヒーは

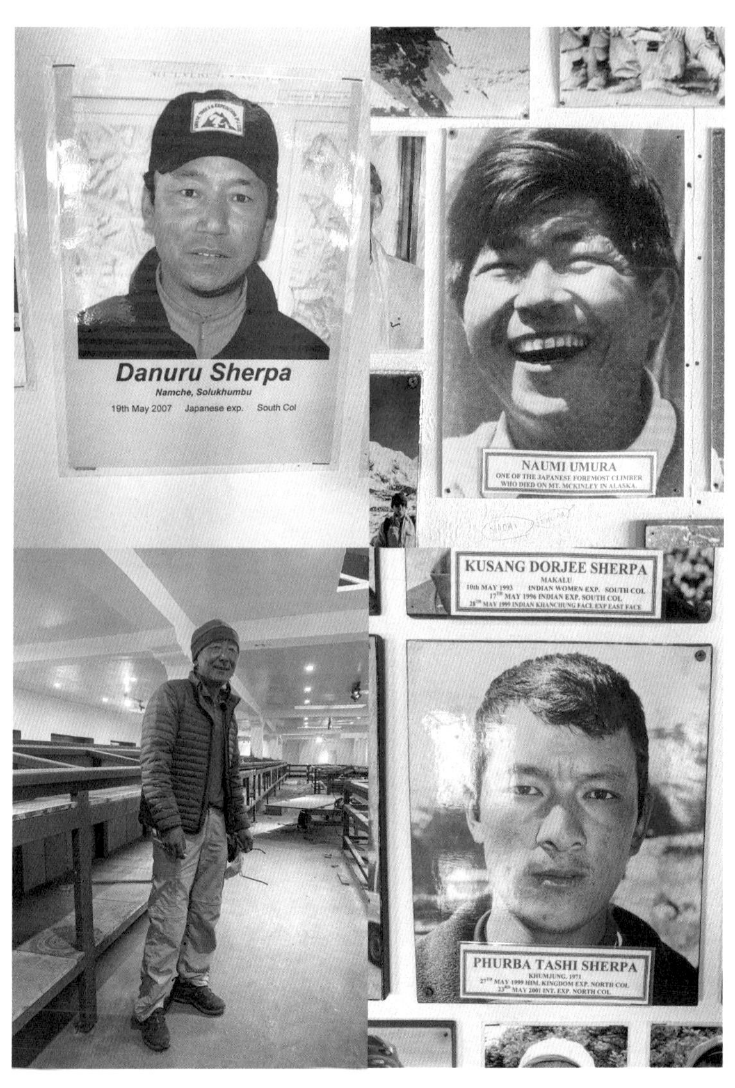

ナムチェバザールの博物館にはエベレストに登頂したシェルパの顔写真が貼られている。ダワさんの本名はダンヌル・シェルパ(左上)。植村直己さんの写真も(右上)。20年前のプルバ(右下)。写真家のラクパ・ソナムさん。土産物屋で売られているヒマラヤのポスターの写真はほとんどこの人が撮っている(左下)。

2015年以降に新しく作られたストゥーパ(仏塔)(左上)。ナムチェバザールの登山用品店。右の店はニセモノではなく本物の登山道具を売っている(右上)。ナムチェにできた日本料理屋「ともだち」の看板。コロナで休業中だった(右下)。サクラロッジのダイニングルームでくつろぐ辻村さん。このときすでに高山病気味(左下)。

本物のコーヒーだった。甘ったるいケーキによく合うしっかりした味のコーヒーを飲みつつ、プロレスをぼんやり眺める。決して静かなひとときとは言えないが、これもまたヒマラヤらしくていいかあ、とだんだん思えてくるから不思議だ。

『シェルパ・バリスタ』からさらに登っていった先を右に折れたところに、サクラロッジがある。ここは三浦雄一郎隊の定宿でもあるし、名前がサクラなだけに日本人が好んで泊まる宿として有名だ。ぼくは他にも快適な宿をいくつか知っているのだが、ガイドのダワさんがサクラロッジのオーナーと仲が良いようで、ここに2泊することにする。すっきりしたきれいな宿である。ちょろちょろとしか出ないが、一応ガスで温める温水シャワーもある。

2泊するのは、順応のためだ。このあたりから、高度の影響が出始める。

500ミリリットルのナルジンボトル

1リットルではなく、その半分程度の大きさのナルジンボトルは、ジャケットの胸ポケットに入れられるし、手ごろな大きさで使い勝手がいい。朝、熱い飲み物を入れておいてそれを胸ポケットに入れて行動すれば、湯たんぽ代わりになる。深夜や明け方の出発で外が寒く、しかもエンジンがかかっていない体にはちょうどよい。飲めるくらいの熱さになる頃には、体も徐々に温まってきている頃だろう。ちなみに、ピーボトル（小便ボトル）に使えるのは1リットルのほうで、この大きさのボトルに小便をすると溢れるのでやめたほうがよい。写真のボトルは、知床の「トコさん」というキャラクターがプリントされた、知床でしか手に入らないご当地ボトル。

サクラロッジの部屋からの眺め。ヤクの人形は品切れが続いていたが、最近入荷したようで土産物屋で買ってきた。

4月19日 ナムチェバザール

ナムチェバザール遠景(右)。ナムチェバザールには野良犬が増えすぎて、ほとんどの犬たちが去勢されていた(左)。

早朝、ナムチェの街を葬列の人々が歩き、お寺に立ち寄ってから火葬場へ向かっていった。葬列を見たのは初めてだった。故人と関わりのあった人たちだろうか、主に壮年の男性たちが普段着で列に連なって歩いていく。故人と知り合いだったダワさんもいるかと思ったが、いなかった。前日にダワさんが話してくれたことによると、風邪をこじらせて年配のシェルパ族の男性が亡くなったのだという。検査はしていないから、もしかしたらコロナかもしれないけれど誰もわからない、とのこと。

火葬場は村はずれの小高い丘にあり、その日は夕方まで火葬場から煙が出ていた。

夕刻、サクラロッジのダイニングルームから、辻村さんとインスタライブを試みた。ナムチェバザールのＷｉ-Ｆｉで生配信できるようになったことは、10年以上前からこの村に来ているぼくからしてみれば奇跡のような出来事だ。インスタライブは一応うまくいった。日本とネパールには3時間15分という中途半端な時差があるのだが、とにかくリアルタイムで多くの人からメッセージを受け取った。

ナムチェでは、現金を引き出せるＡＴＭもいつのまにか増え、ニセモノではない本物の登山用具を売る店もオープンするなど、どんどん進化しているように思える。ちょっと寂しいけれど、うつろいゆく時の流れは止めようもない。ここに生活する人々が暮らしやすくなること、そのことがなにより優先されるべきだろう。

エベレストビューホテルから下ってクムジュン村に入るところ。右側の山が聖山クンビラ。

4月20日

ナムチェバザール ‐ クムジュン

ナムチェバザールが観光客向けの華やかな村だとしたら、山を隔ててすぐ隣にあるクムジュンは、地元の人々が静かに暮らす、シェルパたちの故郷である。ナムチェから急な斜面を一気に登り、日本人が作ったエベレストビューホテルなどを横目に丘を越えれば、そこがクムジュン村だ。

クムジュンの背後にはクンビラ山がそびえ立っている。このあたり一帯をクンブー地方と呼ぶのは、このクンビラ山からきている。クンビラ山はクンブー地方の中心であり、地域全体の守り神のような存在で、登ることが禁じられた聖山である。

ぼくのシェルパの友人たちの多くは、このクムジュンに暮らしている。中でも一番仲がいいのがプルバ・タシというシェルパで、ぼくが2001年に初めてチベット側からエベレストに登ったとき以来の親友である。彼はエベレストに21回登頂し、一時はエベレストの最多登頂記録をもっていた。チョオユーやマカルーなど、他の山を加えれば、30回以上も8000メートル峰に登頂している超人だ。

山でとてつもない強さを発揮するプルバはこのクムジュンに生まれ育ち、今ではロッジを経営し、畑を耕したり、ヤクの放牧をしながら生活している。春と秋の登山シーズンになると、エベレストをはじめとするヒマラヤの山々に登る生活を20年近く続けてきたのだが、数年前に過酷な遠征からは引退し、家族と共に村で暮らしている。プルバは謙虚で心優しく、機転が利く。彼のような友人が、クムジュンにいることをぼくは誇りに思っている。そんな彼も、今年で50歳になった。

ぼくがクムジュン村を訪ねたのは、このプルバに会うためだ。プルバの家は小学校の近く、大きなストゥーパから目と鼻の先のところにあり、入口にはタシ・フレンドシップロッジという看板が掲げられている。

家に到着すると、プルバはぼくたちを待っていてくれた。なんだか頬がこけて痩せてしまったように見えたけれど、元気だった。挨拶をして日本の資生堂パーラーで買ったお菓子の手土産を渡し、今回の訪問の目的である寄付金の話をぼくは切り出した。日本で募った寄付金を全額プルバに預けようと考えていた。どこかの団体に寄付しても、本当に必要な人までお金が渡らないかもしれない。悩んだあげく、ぼくはこの頼りになるシェルパの友人に寄付金を渡し、分配してもらうのが最も安心できると思ったのだ。

彼は寄付金の意味を即座に理解してくれて、彼なりにどうするか考えた末に、クンブー地方

クムジュンの寺の2階は僧侶の集会場になっている（左上）。ナムチェからクムジュンへ向かう斜面の入口にあるマニ車（右上）。寺の2階で読経する僧侶たち（右下）。クムジュン小学校はコンテナなどを利用した建築で有名な坂茂（ばん・しげる）さんの設計。それを示す金属板が教室の横に付けられていた（左下）。

プルバの家にあったチベット式ソーラー湯沸かし器（左上）。写真集『SHERPA』をしげしげと眺めるプルバ（右上）。プルバが自作したヤクの毛皮付きパイプ椅子（右下）。2001年に一緒にエベレストに登り、マカルー遠征でも世話になったロプサンに新しいジャケットを手渡した（左下）。

の各村にあるゴンパ（寺）に寄付するのはどうか、と提案してくれた。なるほどそれなら平等で、きちんと村にお金が還元される。ぼくは同意して、これから先、彼と一緒にエベレストベースキャンプまで歩きながら、途中で各村のゴンパを訪問することにした。

一息ついて、さっそく村内に一つだけあるゴンパにプルバと共に向かった。ここは、「雪男の頭の皮」と呼ばれるものが祀られていることで有名な寺である。

プルバの案内で若い僧侶に面会し、参拝した。僧侶に寄付金を渡し、日本から持ってきたザ・ノース・フェイスの最新のジャケットなど手渡すと、彼は嬉しそうな笑みを浮かべていた。それを見て、少し肩の荷が下りた気がした。やはりプルバに相談したのは正解だった。

KAENONのサングラス

標高が高ければ高いほど紫外線は強くなっていくので、ヒマラヤにおける紫外線は街に比べたら超強力ということになる。サングラスはしたほうがいいというレベルではなく、必携である。特に地面が雪の場合は照り返しが強く、上からも下からも紫外線が降り注いでくるので、サングラスは適当な安物ではなく、ちゃんとしたものを選びたい。その点、KAENONのサングラスは付け心地もよく、目を広めにカバーしてくれる上に、きっちり紫外線をカットするので、ずっと愛用してきた。ひとつの遠征を終えると傷だらけになるので、ここぞという遠征時は、いつも新品とすでに使っているサングラスの2つを持っていく。予備がないと不安になるほど大切な道具だからだ。

モンラに向かう途中で見た
ヒマラヤンタール(ウシ科
の有蹄類)の群れ。遠くに
見える山はアマダブラム。

4月21日

クムジュン ― ポルツェ

クムジュン村のタシ・フレンドシップロッジを出て、モンラ峠に向かった。ここからはダワさんだけでなく、プルバもぼくたちに同行する。

モンラまでは景色のいい峠道になっている。峠には、2014年に一緒にマカルーに登ったシェルパが経営するロッジがある。彼に会えるかな、と思ったが、出稼ぎでカトマンズに行っているようで、留守だった。ロッジ内の壁には、ぼくの写真集から切り抜かれたヒマラヤの写真がいくつも貼られていた。どこかで見たことのある写真だな、と思ったら自分の写真で面食らったが、そういえばマカルーで彼に写真集をあげたことを思い出した。こうやって切って壁に貼ってくれているのを偶然目にするのは、嬉しい。

モンラから谷に降りる。モンラの峠から、目的地であるポルツェが目の前に見えているのだが、その前には深く切り込んだ谷があって、一番下にある川まで降りて登り返さないといけないのだ。

骨の折れる道行きだが、これも高所順応だと思って気合を入れる。息を切らせてポルツェの村に入ろうとする頃、上空から雪がちらついてきた。ポルツェの宿に到着する頃には、本降りになり、視界が雪でかすむ。4月も半ばだというのに、こんな降雪にポルツェで見舞われると

モンラにそびえる大きなストゥーパ（左上）。モンラ手前から見たアマダブラム。標高6812メートル（右上）。
モンラのロッジに貼ってあった、ぼくの写真集のページを切り抜いた写真たち（右下・左下）。

ポルツェの宿から見た村の様子。標高3810メートル。クムジュンやナムチェと並んで、クライミングシェルパを多く輩出してきた村で、クンブー・クライミングセンターという登山学校もこの村にある。

は思わなかった。たったの数時間で、宿の周囲は真っ白になってしまった。
ポルツェは標高3810メートルのところにある。ここもまたクライミングシェルパを多く輩出している村である。『クンブー・クライミングセンター』という、シェルパのための登山学校の本拠地もポルツェにあり、村の若者の多くが登山に関わる仕事をしている。
ポルツェにもプルバが経営するロッジがあって、ぼくたちはそのロッジに荷物を降ろした。お茶を飲みながら窓の外を見ると、すでに一面雪景色になっていた。かろうじて繋がるインターネットの日本語ニュースサイトで、緊急事態宣言うんぬんの文字が躍っているのを見たが、こちらとのあまりのギャップに実感がわかない。
ぼくは4枚の服を重ね着して暖炉の前に座ったのだが、寒い。目の前で宿の若者が、ヤクの糞を固めた燃料を暖炉に放りこんでくれたので、少ししたら多少は暖かくなるだろう。高山病の症状はないが、すでに5日間も歩き続けてきたので、両足に多少の疲労感が残っている。ぼく以外の3人も疲労の多寡はあれども、一応元気そうには見える。
もうすぐ夕食の時間である。18時30分になったら「ダルバート」というネパールの国民食が出てくる。豆スープと炒めた野菜と白ご飯がセットになった定食だ。早く食べたい。今日は5

時間ほど歩いて、とにかく腹が減って仕方がない。食べられるということは、高山病の症状もなく体調が良好の証しだ。長いブランクがあったとはいえ、ぼくの身体はまだ大丈夫ということだろう。

バフ

埃っぽいエベレスト街道ではもともとバフが必需品だったが、コロナ時代に突入して、さらに使用頻度が高まった。バフは固有名詞で、Buff社が開発したネックウォーマーのような高機能ヘッドウェアのことを指すのだが、似たような品物をみんながバフと呼ぶようになった。Buff社が、使いやすいマフラーを作ろうとして継ぎ目のないヘッドウェアを生み出したのがはじまり。耳あてにも、帽子にも、首元を温めるのにも使えて、トレッキング中から8000メートル峰のサミットプッシュ（登頂）のときまで、色々な局面で使用できる。口元を隠すのでエチケットとしてのマスクにも。これは自分が南極で撮影した写真を使用した特製バフ。東京だと恵比寿のナディフで販売している。

ポルツェのプルバが経営する宿の裏にいたヤク。

4月22日 ポルツェ

昨夜からの雪はポルツェの集落全体を真っ白に染めた。そして、今朝になってもまだ降りやまない。こんな雪の中を歩きだしても、靴が濡れて苦行になるだけだ。ぼくたちは予定を変更し、停滞を決めた。

雪とはいえずっと宿にいても仕方がないので、プルバに連れられてポルツェの寺に向かった。寄付金を渡すためである。ポルツェの寺は集落の一番上のほうにある。階段を登っていった先に、改修されて新しくなった立派な寺が見えた。

寺に入ったら、まずは参拝だ。プルバに習って自分も体を投げ状して礼拝する五体投地で3度祈りを捧げる。そして、寺の端に座ってお茶とお菓子をいただいた。油で揚げたカリッとした棒ドーナツのようなものだが、甘くはない。寺の僧侶に寄付金を受け取ってもらい、自分の名前を告げると、僧侶が後で旅の安全を祈願してくれるという。ぼくたちはひとりひとりカタをいただいて、首にかけてもらった。

カタとはチベット語で「スカーフ」を意味する白く長く薄い祝布のことである。この旅で、いったい何枚のカタをいただいたことだろう。宿を出るときには宿のオーナーや女性から、寺を訪ねたときには僧侶から、友人宅を訪ねた際は記念に、と何回も何回も首にかけてもらった。

ポルツェの宿に置いてあったもの。『クンブー・クライミングセンター』のチラシ（左）。日本人が置いていったのであろう『ゴルゴ13』。ポルツェで読むと違和感しかない（右）。

思いやりの象徴でもあるカタをかけてもらうと、穏やかで優しい気持ちになれる。ありがたい。昔はシルクで作られていたらしいが、今では綿やポリエステルが一般的だ。透かし柄があり、時々イエローゴールドやチベット仏教関連の絵が印刷されたものもある。ぼくの東京の家には、今までの旅でいただいた何十枚というカタが保管されている。お守りのようなものなので、決して処分などできない。

　雪の中のお寺訪問を終えて宿にもどってしばらくすると雪がやんだ。明日は出発できるだろうか。

MAGMA

自分が、チョコラBBと共に信頼している数少ないサプリの一つ。簡単に説明するならば、アスリート用の青汁粉。ただの青汁ではなく、大麦若葉、マルトデキストリン、高麗人参末、ウコン末、海藻エキス、冬虫夏草エキス、黒こしょう抽出物などが入っている、とパッケージには書かれている。極めて個人的な感想ではあるが、飲むと元気になるという実感があり、このサプリだけはプラシーボ効果ではなく、ちゃんと身体に効いている気がする。香料・甘味料・保存料・着色料などが使われていない、無添加・国内製造なので、その点も安心。多少のカロリーもあるので、食欲がなくなる6000メートル以上の高所で、コーラと一緒によく飲んで助けられた。今回の旅でも大活躍。

ペリチェの宿に置いてあったソーラーマニ車。太陽光がある限り、まわり続ける。

4月23日 ポルツェ – ペリチェ

積もった雪を踏みしめながら、朝、ポルツェを出発した。小高い丘まで登ると、右手にエベレスト街道の本道が見える。ナムチェからタンボチェに向かう山道である。ぼくたちはその道と並行して走るもう一つの道をたどっていて、パンボチェという村を経て、ペリチェへと向かった。

ポルツェとパンボチェを繋いで山の斜面を横切る道は絶景を堪能できるルートでもある。風景を楽しみながらゆっくり歩いていくと、やがてパンボチェに到着する。ここでも寺を訪問した。一息ついて、さらに進み、風の強い丘を抜けるとペリチェに入る。

昔は、多くのトレッカーや登山隊がペリチェに逗留したものだが、最近は山を隔てて向こう側にあるディンボチェの村に泊まる人のほうが多いと聞いた。ディンボチェは4350メートル、ペリチェは4240メートルで、標高はほぼ同じだが、ディンボチェのほうが店が多く、プルバ曰く「今ではミニナムチェのようになっている」とのこと。たしかに、ぼくが2018年にアマダブラムに登ったときはディンボチェの宿を利用したが、ペリチェの数倍は賑やかだった。ビリヤードができるバーなどが地元の若者に人気を博していた。ディンボチェは緑も多いので、風が吹きすさぶペリチェよりも人の生活に近い印象がある。一方でペリチェは医者が常駐するドクターステーションがあり、河原がヘリポートになっているので、生活というよりは実用的な場所、という印象だ。でも、ぼくはどちらかというと行き慣れたペリチェのほうが好きなのだった。

ペリチェではスノーライオンロッジに宿泊する。ここには、自分が制作したヒマラヤの写真のポスターが貼ってあって、かつては定宿だった。久々に訪ねてみたが、何も変わっていない。ただ、宿泊客は皆無で、ぼくたちだけだった。本来なら繁忙期のはずだが、ディンボチェにお客をとられていることに加えてコロナの影響だろう。

このペリチェに、順応のため、ぼくたちは2泊する。

薄手のダウンジャケット

THE NORTH FACEのアルティメイトダウンフーディ。TシャツやロングTシャツの上に羽織るだけで暖かく、汎用性は高い。インナーダウンという触れ込みだが、テントや小屋からちょっと外出するとき、ナムチェバザールなどの街を散歩するとき、セーター代わりに羽織った。これをインナーに使うと、標高5000メートル以下では逆に暑いかも。袖の通りの良い素材で、着たり脱いだりを細かく繰り返してもストレスがない。適度な撥水性もあり、強度がある割にむちゃくちゃ軽いのもいい。突然の雪や風にも対応できて頼りになるし、フードの形がヘルメット対応なので、何かと便利である。小さなスタッフサックに詰めて、お守りのようにいつもザックの底に忍ばせておく。

ペリチェのスノーライオンロッジには、ぼくが以前作ったヒマラヤンエクスペリエンス隊のポスターが貼ってあった。この宿は、毎回2泊以上している定宿で、高山病の症状があらわれ始めるのもこのあたりからになる。

高所順応のためにプルバや福島さんといっしょに登った5000メートルの丘。アマダブラムやチョオユーを見渡すことができる。ペリチェとディンボチェを繋ぐ尾根上には古いストゥーパが残されている。

4月24日
ペリチェ

ペリチェのヤクたちは出産の時期を終えたばかり。

標高4000メートルを超えたペリチェは高所順応の過程で、最も重要な場所だとぼくは思っている。ここまでくると、普通の人は多かれ少なかれ高度の影響を受けて、空気の薄さを実感する。ペリチェでうまく順応できるか否かで、その後の苦しさをも変わってくるはずだ。

午前中、近くの丘に登りにいった。丘と言っても5000メートルはあるだろう。福島さんは絶好調で、ナムチェなどでもぼくたちが寝ている時間に起きだして、村を走っていた。その甲斐もあって、順応もうまく進んでいるように見える。辻村さんと亀川さんは調子が悪そうだ。とはいえ、どこまで本当に調子が悪いかは外見からは判断できない。このあたりから自分との勝負になってくる。ぼくはいつもの通り、よくもなければ悪くもない。

辻村さんと亀川さんは丘登りを途中で切り上げ、ダワさんと宿に戻っていった。ぼくと福島さんとプルバは3人でタルチョ舞う丘の頂に到達した。タルチョはチベット仏教の経文が印刷された五色の祈祷旗で、風通しの良い場所、すなわち山頂や峠などによく飾られている。

この日の午後は洗濯をしたり、バケツのお湯で髪を洗ったりと、それぞれが思い思いに休息を楽しんだ。夕方、ぼくはプルバにお願いして、放牧されているヤクを見に行った。ペリチェはヤクの牧場としても知られていて、平らで広大な土地にいくつもの積み石の囲いがあって、

ヤクの糞を乾燥させている(左上)。ペリチェとディンボチェの間にある標高5000メートルの丘から(右上)。ペリチェの放牧場は石垣で区切られている(右下)。ヤクの見張り小屋には女性が1人で野宿していた(左下)。

ペリチェの宿の庭に集められたジャガイモ。ふかしたジャガイモを塩とバターで食べるのは、シンプルながら最高の御馳走だ。ジャガイモパンケーキなども美味しい。

ヤクが放し飼いにされている。プルバのヤクもここで飼われていて、彼は自分のヤクの様子も見にいきたいようだった。

迷路のようになった石の囲いをいくつか乗り越えていく。点々と小屋があって無人かと思いきや、プルバが声をかけると中から女性が出てきた。今の時期は、ここに泊まりこんでヤクの世話をしているという。「お茶を飲んでいけ」と何度も声をかけられたが、プルバは丁重に断って、また別のヤクを見に行く。

ちょうど出産の時期を終えた後らしく、ヤクの赤ちゃんがところどころにいた。ヤクの赤ちゃんは、ヤクというよりも見かけが牛に近く、頼りない足取りで親のヤクのまわりで遊んでいる。あの小さなヤクがいつしか大きくなって、登山隊の荷物を運んだり、畑を耕したりするのだろうか。プルバがヤクに向ける眼差しは優しい。こうしたシェルパたちの日常の光景に触れると、ほっとする。山に登っているのとは別のリラックスした日々が、当然ながら彼らにもあるのだ。

日が暮れてきた。宿に戻ってストーブで暖まりながら、夕食を待つ。ストーブの燃料は、ヤクの糞を乾かしたものである。貴重な木を切ってそれを燃料にするのはなるべく避けなくてはならないし、何より火にくべて長持ちするような太い木は、このあたりにはない。ヤクは荷物の運搬や農作業に力を発揮するだけでなく、こうしてストーブの燃料をも生み出す、クンブー地方には欠かせない動物なのだ。

余談だが、チベット高原に生きるクチグロナキウサギは、エサが少なくなる越冬時、ヤクの糞を食べて生き延びる、という記事を『ナショナル ジオグラフィック』誌で読んだことがある。ヤクの糞には未消化の栄養分などが含まれていて、クチグロナキウサギにとって、冬のあいだの貴重な食料になるのだという。ヤクの糞は人間にとっては燃料や肥料、小動物にとっては食料にもなりうるわけで、ヤクという存在がヒマラヤにおいてどれだけ大切か、わかっていただけるだろう。

プルバはストーブの火で暖まりながら、ヤクの毛を紡いでいた。くるくると糸回しをまわしながら、器用に紡いでいく。昔、シェルパの家にお邪魔したときに、おじいさんが同じことをやっていたのを見たことがあるが、プルバも糸を紡ぐのか。こんなことをしている若いシェルパを見たことがなく(50歳だから若くもないか…)、なんだかプルバの真面目な性格が滲みだしている。現在の彼は職業としての登山ガイドから引退し、いずれクムジュンの未来を担う長のような存在になっていくに違いない。

ペリチェからロブチェに歩いていくときに出会ったヤクの赤ちゃん。まだ生まれて数週間だという。

4月25日 ペリチェ－ロブチェ

ぼくはペリチェを出てしばらく歩いた平原から振り返って見るアマダブラムとペリチェの風景が大好きだ。ここから見るアマダブラムは見事な三角形をしていて、視界の端に見えるペリチェの建物の小ささと相まって、ヒマラヤのスケールが感じられるからだ。

ヤクの放牧地を過ぎ、右に回り込んでから川に降りて行くと、トゥクラのロッジがある。トゥクラで「トゥクパ」というチベットうどんを食べた。この頃になると、辻村さんも亀川さんもだいぶつらそうだ。元気なのは福島さんだけで、今回が初めてのヒマラヤ訪問とは思えない。

トゥクラで一息ついてから、延々とつづら折りの斜面を登っていくと、この地で亡くなった人々の慰霊碑のある丘に出る。そこからまた右に回り込んでいくと、ロブチェはもう近い。左手に見える平地は、かつてぼくが参加していたヒマラヤンエクスペリエンス隊がロブチェピークに登るためのベースキャンプを張っていた場所だが、今は何もない。そして、そこから数十分歩いた先にロブチェがある。

ロブチェという集落は、標高4910メートルのところにあって、エベレストに向かう道のりとしては、ほぼ最後の街ということになる。その先のゴラクシェプという場所にもいくつかロッジはあるのだが、規模としては集落と呼べるほどの大きさはない。ゴラクシェプは主に遠征隊の登山装備を保管する場所として機能しており、いわば仮住まいのようなところだ。
　このロブチェに初めてきた人はたいてい高度障害に悩まされる。5000メートル前後という標高は、人間が定住できるギリギリの高さである。ロブチェは、人間が定住できる最高標高の街の一つということになろう。ペルーやボリビア、チベットにも、そのような高地で暮らす人々がいる。彼ら彼女らは、ぼくらと赤血球の数値が異なり、高所で暮らすために必要な身体をすでに獲得している。一方で、平地で暮らすぼくたちがそのような場所を訪れると、必ずといっていいほど高度障害が出る。いわゆる「高山病」である。
　そんな場所で、今回の旅を揺るがすような事件が起こった。
　映像ディレクターの亀川さんが夕食の時間になっても部屋から出てこなかったのだ。ぼくたち3人とプルバとダワさんは、ダイニングルームで彼を待っていたのだが、一向に来ないのでダワさんが呼びに行った。ダワさんは、辛抱強く声がけをして何度もノックしたのだが、部屋の扉は開かない。中から返事がないわけではなく、語りかけに反応する意味不明な声だけは聞こえるという。
　困り果てたダワさんがぼくに「一緒に来てくれ」という。ぼくも亀川さんの部屋に行き、ノックをしながら声をかけた。やはり、返事はあるのだが、「ＰＤＦが…」などという意味の分からないことをつぶやくだけで、コミュニケーションがとれない。しかし、部屋に入ろうとも内側から鍵がかかっていて、入れない。

ぼくは「亀川さん！　亀川さん！」と外からずっと呼びかけ続けた。「みんなが心配しているのでとりあえず部屋に入らせてください！」と何度もお願いしたのだが、鍵はかかったままだ。無反応ではなく、意味不明な言葉だけが返ってくる。ぼくは亀川さんが、ゲロを吐いたり、大小便を漏らしたりして、他人にそれを見せたくなくて、中で必死に後始末をしているんじゃないか、と疑っていた。高山病が急激に悪化して身体をコントロールできなくなることは、ままある。でも、それにしては物音もしないし、後始末をしているにしては長すぎる。

ダワさんとプルバが「ナオキ、これはやばいぞ」と言って、顔を見合わせた。そしてプルバが宿のオーナーを呼び寄せた。部屋の鍵は簡素なつっかえ棒のような方式になっていて、外側からマスターキーを使って開ける、などということはできない。まだ歳若い宿のオーナーは、ぼくらの顔を見渡し、ぼくたちが同時に頷くと、ドアに向かって肩から思いっきり体当たりした。いわゆるタックルをして、内側から鍵がかかったドアをぶち壊し、部屋に突入したのである。安っぽいハリウッド映画の特殊部隊突入のシーンが頭に浮かんだ。つっかえ棒式の鍵は、「バリン！」という音とともに壊れて飛びちり、ドアが開いた先には泡を吹いてベッドに倒れ込んでいる亀川さんの姿があった。

プルバが急いで酸素ボンベとマスクを持ってくると、亀川さんの顔面にマスクを押し当て、「吸え！」と声をかけた。亀川さんは重度の高山病に侵されていて、意識が混濁しており、大変危険な状態だったのだ。

それまでの道中で亀川さんには「顔色が悪いけれど、大丈夫ですか？」とか「頭痛くないですか？」とか「深く速く呼吸してくださいね」と繰り返し声をかけていたのだが、そのたびに即答で「大丈夫っす」「ちょっとぼんやりしてますが、全然元気っす」という答えが返ってきていた。亀川さんは三浦雄一郎隊に同行してロブチェでキャンプ生活をしていた、とも聞いていたので、ぼくも大丈夫だろうと思い込みすぎていたことを反省しなければならない。

翌朝、亀川さんはヘリコプターでルクラの病院に運ばれ、その翌日にはカトマンズの病院に収容されたが、命に別状はなかった。

標高5000メートル前後というのはこのようなことが頻繁に起こりうる高度である。そして、こうした高所にシェルパたちは生まれ育ち、日常生活をおくっている。人間は同じ地球上に暮らしながら、こうも異なる環境に身を置いている。あらためてその事実を突きつけられた思いだ。

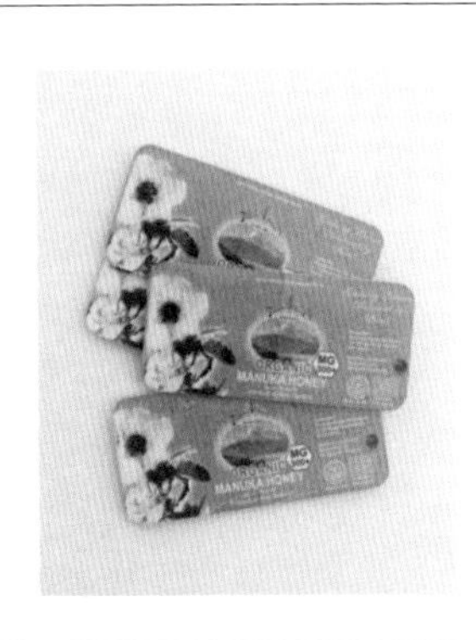

マヌカハニー

トークイベントに来たお客さんからたまたまマヌカハニーをもらったので、旅に持っていってみたら、なかなか良かった。朝、ロッジでパンケーキを食べるときなどに使用。ロッジには、いちご味と謳っているが実際は赤くて甘いだけのケミカルなゼリー状ジャム、賞味期限が数年前に切れているマーマレードなどが常備されているが、どれも危険な香りがする。使い切りになっている適量のマヌカハニーは衛生的にも安心感があって、毎朝食べていた。殺菌作用があるのでノドの痛みにも効くし、紅茶やレモンティーに混ぜても美味しい。何より、体にいいものを自分は食べてるんだぞ、という自覚があるだけで、なんだか調子が良くなる気がする。

ゴラクシェプ（5170メートル）。ベースキャンプ手前、最後のロッジだ。

4月26日

ロブチェ－エベレストBC－ロブチェ

前日、高山病でぶっ倒れた亀川さん、調子の悪い辻村さん、その付き添いのダワさんの３人がヘリコプターで下山することになった。亀川さんとダワさんはルクラへ、辻村さんはナムチェまでヘリで行ってぼくたちの帰りを待っていてくれる。

ぼくと福島さんとプルバは３人でロブチェを出発し、エベレストベースキャンプに向かった。ぼくはひどい腹痛で調子が悪かったが、ベースキャンプにいるシェルパの友だちにどうしても会いたかったし、こんなところで弱音を吐くわけにもいかず、調子が悪いなりにどうにか歩き続けた。

途中、数軒のロッジが並ぶだけのゴラクシェプで休憩した。このゴラクシェプには各国の登山隊の装備が保管されているので、プルバも自分の隊の道具が無事か点検しに行っていた。ゴラクシェプは、エベレストベースキャンプから数時間のところにあって、電波塔があり、馬やヤクにもエサを補給できるので、登山隊にとっては重要な場所なのだ。

ゴラクシェプを出て氷河を横目に歩くこと数時間、標高５３６４メートル地点にあるエベレストベースキャンプに到着した。その名の通り、ここはエベレストを登りにきた登山者たちの基地になっており、例年、数多くのテントが建ち並んで村のような様相を呈す。コロナ禍によって、2021年の登山者はいくらなんでも激減するんじゃないか、と予想していたのだが、実はまったくその逆だった。

今春、ネパール政府は外国人に対するエベレスト登山の許可証を、43チーム・408名に発行した。これは2019年の382名を大幅に上回る件数で、エベレスト登山史上最多となっている。

なぜか。

2020年は、コロナウイルス感染拡大防止措置として政府がヒマラヤ入山を禁止したため、エベレスト登山者はゼロだった。ガイドを生業とするシェルパたちの多くは失業し、ホテルなどの宿泊業者は大打撃を被った。また、観光そのものが最大の収入源になっているネパールという国にとって、エベレスト登山の入山料こそは不可欠な事案である。エベレストの入山料(あくまで入山許可の費用であって、その他ガイド料などは含まれない)は1人につき1万ドル(およそ100万円強)で、それが400名分集まれば4億円ということになる。これはネパールという小国にとって、莫大な金額である。2020年は、これらの収入がまったくなくなり、ネパール政府にとっても地元の人々にとっても、改めて自分たちがエベレスト登山によって生

ゴラクシェプにいたヤク。ヤクに積む荷物はバランスも大切。ヤクは人間が運ぶことのできる荷物の2倍以上の重さのものでも運べる。ザ・ノース・フェイスのダッフルバッグは、家畜の背にも乗せやすい。

ゴラクシェプには電波塔が建っていてWi‐Fiがよく繋がる。各登山会社の荷物の多くはこの地に保管されている。ここから氷河の縁を延々と進んでいった先に、エベレストベースキャンプがある。

きていることを痛感せざるをえなかったのだ。
２０２１年はその反動もあって、政府はヒマラヤ登山を解禁し、数多くの登山許可を発行した。たしかに3月までの時点ではネパールの感染者数は安定していたし、ワクチン接種もはじまって、何も問題ないように思われた。観光客も書類さえ用意していけば、簡単に入国できたし、隔離の必要もなかった。ぼくたちもその恩恵にあずかって、すんなりとここまでやってくることができた。
しかし、自分がエベレストベースキャンプに到着する頃、世界では「インド型変異株（デルタ株）」なるものが流行しはじめ、インド全土がロックダウンした後、インドのある程度のお金持ちは簡単に行き来ができるネパールに大量に流入した。ある者はカトマンズの高級ホテルでリモートワークをこなし、ある者はカトマンズの空港をハブにして世界へ飛び立っていった。
結果、ネパールの感染者数が爆発的に増えた。山深いエベレストにすらその影響はおよび、自分がベースキャンプに到達した頃には何十人ものコロナ陽性患者がベースキャンプで出て、ヘリでカトマンズに運ばれていたのである。
プルバとぼくと福島さんの3人は、横に長いベースキャンプの一番奥にある、イマジンネパール社のキャンプ地を訪ねようとしていた。イマジンネパール社は、ミンマ・ギャルジェという30代の若いシェルパが立ち上げた登山ガイド会社で、ぼくは２０１５年に、世界第2位の高峰K２遠征で世話になった。ミンマは、２０２１年1月、世界初の冬期K２登頂を果たした10人のネパール人の1人で、ロールワリン地方出身の屈強なシェルパである。彼は中国語、ウルドゥー語、英語を話し、適度なビジネス感覚を持ちながら、国際ガイドとしての登山技術を有する、非常に優秀な男だ。プルバがぼくより少し上の世代を代表するシェルパだとしたら、ミンマはぼくより下の世代を代表するシェルパであると言える。

ベースキャンプまでやってきた目的は、そのミンマに会って、冬期K２登頂の祝意を伝えることだった。プルバもミンマも有名なのでお互い名前だけは知っていても、きちんと会話を交わしたことがない。ぼくがシェルパの２人のあいだに立って紹介するのも変なのだが、とにかくミンマに会って「プルバと一緒にここまできたよ」と伝えた。ミンマとプルバは両者ともに決して社交的な性格ではないし、どちらかというと人見知りで、人付き合いが苦手なタイプである。口数が多いわけでもない。２人とも、なんだかよそよそしい感じで握手していて、おかしかった。

「K２とアンナプルナ登頂おめでとう！」とミンマに伝えると、嬉しそうに笑った。1月の

若手シェルパたちを牽引するミンマ（左）と、ひとつ前の世代を代表する最強シェルパのプルバ（右）のツーショット。ミンマはイマジンネパール社という会社の代表でもあり、一年中どこかの山に隊を出している。

K2登頂の後、ミンマは3月に難峰アンナプルナにも隊を率いて登頂していて、素晴らしい結果を残していた。ミンマは8000メートル峰14座のうち、シシャパンマ以外の13座に登頂している。そのうちエベレスト以外はすべて無酸素登頂という驚異的な実績をもっている。いつだったか「今まで一番大変だった山はどこ？」とミンマに尋ねたことがあった。そのときミンマは「アンナプルナかな」と答えた。そのアンナプルナに、彼は最近再び登頂を果たしたのである。なんともすごいやつだ、と思う。

ぼくはミンマと一緒にK2へ2度登りに行っている。2回とも登頂はかなわなかったが、来年以降、またミンマとK2に行きたい。今回ベースキャンプで会っていた時間はわずか1時間もなかった。でも、このエベレストベースキャンプでミンマと話せたことは、ぼくにとってとても有意義だった。再び山に向かうモチベーションを格段に上げるきっかけとなったし、プルバとミンマが出会う瞬間に立ち会えたことも嬉しかった。

ぼくの腹の調子が悪いと知ると、ミンマはお土産に下痢止めと胃腸薬をくれた。日本の薬に比べるとやたらデカい錠剤で、なんだか効きそうだ。ミンマは愛想がいいとは言えないが、気配りのできる優しい男である。

ロブチェピークに登るためのハイキャンプのテント内にて。体調が悪すぎても、登るしかない。

4月27日 ロブチェ－ハイキャンプ

今日からいよいよ自分たちの登山に入る。亀川さんはカトマンズの病院に入院、辻村さんとダワさんはナムチェで留守番をしていて、ぼくと福島さんとプルバの3人で、標高6119メートルのロブチェイーストピークを目指す。6000メートル以上の山に2年近く登っていないので、体慣らしとして、ぼくは前に何度か登ったことのあるこの山を目的地に選んだ。エベレストのすぐ手前にそびえ立ち、頂上からの眺めが素晴らしい山である。

朝、プルバとぼくと福島さんはロブチェの宿を出発した。プルバが案内してくれるルートは、ぼくが前に何度も登って親しんだルートとは別の道だった。一度ペリチェ方面へと下って、以前にロブチェピークに登るためにベースキャンプを置いた平地から、トゥクラ方面に斜面をトラバース気味に登っていくのである。

最初は土と岩の斜面をゆっくりと歩いていく。そして、急斜面をジグザグに登った先、標高5300メートルほどのところに、小さな池がある。そのそばに開けた場所があり、ここがハイキャンプになる。他の隊のテントがいくつも張ってあって、人が立てる広さと高さのあるキッチンテントなども建てられていた。

この旅で初めてテント泊の夜を迎える。トイレは、石を積んでプルバが作ってくれた。ここまでくると、集落ははるか下だ。ここから上は、植物なども生えない岩と雪の世界に入る。その前に、夕食を食べるのだが、ぼくは腹を下していて、バナナを一切れ食べるのが精一杯だった。

このハイキャンプのキッチンテントで、ぼくと福島さんがお茶を飲んでいると、若いインド人から話しかけられた。なんだか妙な喋り方をする若者だなあ、というのが第一印象だった。話していくと、彼の職業はプロレスラーだという。(プロレスラー……?)ぼくと福島さんはわかったようなわからないような感じで頷いたのだが、とにかく変なやつだなあ、と思った。

あとで彼をガイドするシェルパに聞いたところ、彼は、「ヒジュラ」と呼ばれる両性具有者で、インドではめずらしくないのだという。男性でも女性でもない第三の性であるトランスジェンダーとして、世界初のエベレスト登頂を目指しているらしい。なんだかすごい時代になったものだ。調べたところによると、ヒジュラは肉体的には男性だが、通常は女装していて、女性のように振舞うという。彼はまさにその通りだった。アウトカーストな存在なので、インドではおそらくエンタメのようなプロレスに出演する、プロレスラーで間違っていないのかもしれない。

エベレストには本当に色々な人が集う。こんなヒマラヤの山奥で、いや、こんな山奥だからこそ、世界の多様性の一端に触れられるのかもしれない。

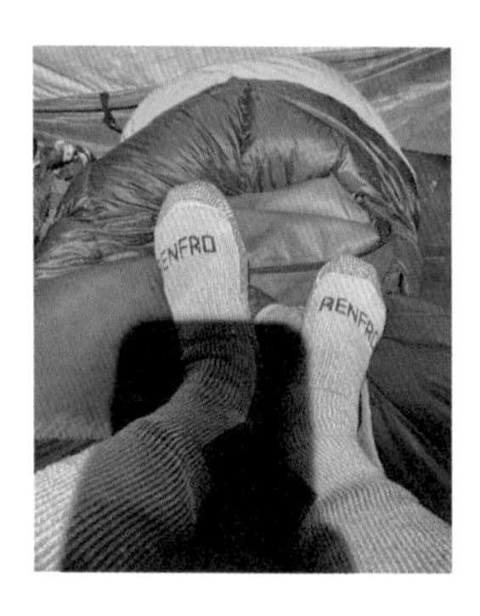

レンフロの靴下

これまでぼくはスマートウール社の靴下を愛用してきて、サミットプッシュ時には、ほぼ新品のスマートウールの極厚靴下を履くのが自分の習慣になっている。靴下は新しければ新しいほど保温性に優れて機能を十全に発揮できるので、使い古したものは、ここぞというときには履かない。今回から導入したレンフロジャパン社の靴下は、スマートウールと同じメリノウールで作られており、機能的にはほぼ同等な上に、作るさいに自分の意見も取り入れてくれたので、調子が良かった。登山者は誰も足の指を失いたくない。だからこそ、靴だけでなく靴下にはこだわりを持っていて、真剣に選ばざるを得ない。間違ってもコットンの靴下は遠征時に履いてはいけない。

4月28日

ハイキャンプ－ロブチェイーストピーク－トゥクラ

ロブチェピーク頂上の、石川（左）、プルバ（中）、福島（右）。左側に見えているひときわ高い山が世界最高峰エベレスト。

深夜3時頃、プルバとぼくと福島さんはヘッドランプを装着して、標高5300メートルのハイキャンプを出発した。ロブチェイーストピークの頂上は6119メートルで、ハイキャンプからの標高差はおよそ820メートル。過去に何度も登った山だが、7、8年ぶりに来てみると、まったく未知の山のように新鮮だった。

まずはガレ場を登っていき、やがて雪と岩のミックス斜面に入る。そろそろアイゼンを着けたほうがいいんじゃないか。そんなことをぼくは思いつつも、先行する2人はアイゼンを着けずに進んでいく。自分も引き離されないように、辛抱強くゆっくり登っていくのだが、プルバと福島さんの足取りのほうが軽く、ぼくは少しずつ2人から遅れていった。

だいぶ登ってきて、稜線上の開けた場所で、ようやくアイゼンを装着した。もうすぐ頂上かと思いきや、ここからが本番である。急な斜面をアイゼンの歯を効かせながら、ジグザグに登っていく。この時点で、どうも自分の呼吸がおかしかった。頭痛もなく、高山病の症状もないのだが、深呼吸ができず、酸素を十分に吸えていない感覚がずっとあった。過去に何度も8000メートル峰に登ってきたので「6000メートルそこそこの山で、こんなにも息切れするわけがない」と感じていた。腹も相変わらず不調だし、満足に食事もしていない。でも登るしかない。

あえぐようにしながら、どうにかこうにか登っていき、これで最後だろうと思って登り切った斜面の先に巨大なクレバスがあった。これをジャンプして乗り越えると、そこが頂だった。過去に登頂したときには、頂上にテントを張って何泊かしながら高所順応に励んだこともあったのだが、今回来てみると、頂上にテントを張れそうな面積の雪面はなく、崩れそうなナイフリッジが続いていて、3人は線になって横並びするしかなかった。それほど雪が減って、頂上が狭くなっていたのだ。

頂上の正面にエベレストが顔を出している。エベレスト山頂直下のイエローバンドと呼ばれる層まではっきり視認できた。ローツェ、ヌプツェ、アマダブラム、マカルーなどの名峰が連なっているのもしっかりと見える。この美しい風景だけはずっと変わらない。

コロナ禍のただなかに、10日間以上かけて6000メートル峰の頂にまで到達できたことは嬉しかったが、呼吸が整わないまま一気に下らねばならなかった。頂上に着いただけではまだ行程の半分だ。あと半分、自分の身体をかろうじてコントロールしながら、安全な場所まで下山しなくては。

ロブチェピークの下りで見た
チョラツェ（6440メートル）。

Nepal
eco transit

プルバと共にロブチェピークの頂に立ったのは何度目になるだろう。この山にぼくは過去6～7回登頂している。ロブチェピークを「順応の山」として位置づけ、ルートを最初に拓いたのもプルバである。

ロブチェピークの頂上から見えるエベレスト。ヌプツェやクンブーアイスフォール、手前に長大な氷河も見える。

固定されたロープにエイト環をかけながら懸垂下降を繰り返す。徐々に標高を下げ、テントのあるハイキャンプはまだかまだかと考えながら、慎重に下った。時々転びそうになりながら懸命に下り切った先に、ハイキャンプがあった。ぼくはテントに転がり込んで、テントの天井を見ながら「終わったなあ」とぼんやりしていた。外では雪が降りはじめている。ハイキャンプから、さらに下山しなくてはならない。

腹の調子は回復せず、お茶を少

し飲んだだけでテント内の荷物の撤収をはじめた。荷物整理がはかどらずにのろのろしているうちに、プルバは手際よく荷物をパッキングしていく。自分がテントを出る頃には、外にポーターたちも集まって、すぐにでも出発できる状態になっていた。

トゥクラへの下山は、ぼくにとってはつらい道のりだった。腹痛がひどい。そして、下っているのに疲労がとれない。いつもなら標高を下げれば下げるほど酸素が吸えるようになって元気になっていくはずなのに、今回は違った。

のろのろと歩き続け、トゥクラに着く頃には倒れそうだった。宿に着いても元気が出なかったが、何かを口にしなくてはならない。ぼくはファンタオレンジを注文して飲んでみるのだが、いつものように「うまい!」という感覚がない。味覚はあるけれども、強く感じられない。この症状はもしや…。などと何でもコロナに結ぶつけてしまうのはよくない傾向である。ただ、さすがの福島さんもだいぶ疲れているように見える。翌日、ぼくたちは辻村さんやダワさんが待っているナムチェへの帰路についたのである。

旅を終えて

ぼくたちはその後、ナムチェで辻村さんとダワさんと合流し、2日間ほどナムチェで静養した。プルバがいくつかの村のお坊さんをナムチェに呼んでくれて、ここでもまた寄付金を渡すことができた。3人の尼さんをはじめ、ナムチェのおじいさん僧侶などもわざわざ来てくれて、こちらが恐縮するくらい感謝され、記念写真を撮ったり、カタをいただいたりもした。

プルバとはナムチェで別れた。次はチョオユーをネパール側から一緒に登りたいね、と彼が言ってくれたのが嬉しかった。彼はもう本格的な登山の世界からは引退しているにも関わらず、自分となら登りたいと言ってくれたのだ。チョオユーという山にネパール側から登るには、いくつものハードルがある。許可証の問題はもちろん、技術的にも相当難しい。しかし、プルバと一緒なら登れないはずがない、とも思う。いつか実現させたい。

プルバはクムジュンに帰り、ぼくと福島さんと辻村さんとダワさんの4人で、ルクラからカトマンズに戻った。カトマンズはコロナ禍の拡大によって完全にロックダウン状態になっていて、店も開いていなければ外出さえもできない状態になっていた。

5月6日発の日本に帰る飛行機を予約していたが、感染の拡大を防ぐため、その前にネパール政府が全ての国際線の離発着を禁じ、空港が閉鎖される、というニュースが飛び込んできた。ぼくたちは急いでネパール航空の事務所に駆け込み、チケットの日時を変更してもらうことになった。

亀川さんはとっくに日本に帰国していて、成田で隔離されていた。だいぶ元気になったと連絡がきていてほっとしたのも束の間、ぼくたちも急いでカトマンズでPCR検査を受けなければならない。帰国時もまた72時間以内の陰性の証明書がないと飛行機に乗れないし、日本にも入国できないからだ。指定された病院に行って、長い行列に並んで綿棒で鼻をほじくられて検査をした。結果は翌日に出た。ぼくと福島さんは陰性、そして、なんと辻村さんが陽性になってしまった。そのときの辻村さんの落胆ぶりを見て、なんと声をかけたらいいかわからなかった。

ともかく、ぼくと福島さんはカトマンズの国際空港閉鎖を逃れて5月5日に成田空港に降り立ち、空港でも抗原検査を受けて陰性だった。そのときはまだ成田に着いてからの強制隔離はなく、自主隔離のみだったので、ぼくたちはすぐに家に帰って、2週間の自主隔離に入った。毎日厚生労働省から居場所確認のメールがきて、それに答えるのを日課としながら静かに2週間を過ごし、通常生活に戻ったのだった。その頃、辻村さんはまだカトマンズに留めおかれ、タメル地区のホテルに缶詰め状態になっていた。

ようやく旅のメンバー4人が再会できたのは6月8日、ぼくが日本に帰国してから1カ月以上も後のことだった。渋谷のネパール料理店で再会し、ダルバートを食べながら、おのおののネパール体験を存分に語り合ったのだった。

自慢じゃないが、ぼくは「友だち」と呼べる人が多いほうじゃない。知り合いはたくさんいるけれど、本当に心を許せる友だちは少ない。プルバを筆頭に、生死に関わる濃密なヒマラヤ遠征を共にしたシェルパたちとは、お互いに全てをさらけ出してきた。だからこそ、遠征が終わってしばらく会わなくなっても、ちょっとしたやりとりから気持ちを慮り、彼らに会いたい、少しでも力になりたい、と自然に体が動くのだ。

シェルパのみんなの生活が今より少しでも上向きになってくれたらいい。そんなことを心から願いながら、再び気兼ねなくヒマラヤを訪れることのできる日々がやってくることを望んでやまない。ぼくはヒマラヤが好きなのではなく、シェルパの友だちがいるヒマラヤが好きなんだ、ということを帰国して改めて感じた次第である。

1

エベレスト街道　今日の食事

エベレスト街道沿いで食べられる料理の種類は、意外に多い。自分が知っているメニューであっても「なんか違う」感は拭えないのだが、高所を日々歩いていくための確かなエネルギー源になっている。その一部を紹介しよう。

1　モモ定食。ネパールの餃子は、蒸し餃子で野菜がたっぷり入っていて、小籠包に近い。皮も厚めなので、腹持ちもいい。ただし、日本で食すような醤油を常備しているロッジは少なく、あったとしても何年も前のものだったりして、それだけはいかんともしがたい。
2　定食の定番ダルバート。ご飯と野菜(と豆スープ)。おかわり自由なのがいい。ただし、腹がいっぱいになったら「もう本当に食べられません」と言いながら手で皿を覆うくらいしないと、盛られてしまうので要注意。　3　これもダルバート。左上にあるのはパパドと呼ばれるひよこ豆の粉をこねて油で揚げた極薄のせんべい。塩味が効いたクセになる味で、思わず何枚でも食べてしまいそうになる。　4　シェルパのダワさんが作ってくれた日本ソバ。スープに麺つゆを使っているため、味はいまいちだが、日本ソバを出してくれる心意気に感謝し、完食。ネギまでつけてくれているところに感動する。　5　トゥクパ。チベット風の汁うどん。塩味でスープはうまいし、野菜も豊富に入っている。麺がスパゲティの麺を使っているようで、そこだけどうにかならないものだろうか。スープスパゲティというものともまた異なる。

6　ナムチェバザール近郊で採れた山菜の天ぷらとフライドポテト。これもシェルパのダワさんが気を利かせて作ってくれたもの。日本の山小屋で働いていた時に覚えたのだろうか。美味。　7　最近は日本でも食べられるようになったインスタントラーメンの「辛ラーメン」。ちょっと辛めのスープというくらいで、激辛というわけではない。水分補給として、汁も飲み干したいところが、ケミカルなところが少々気になる。　8　ナムチェに本場イタリア仕込みのピザを焼く店があった。シェルパの店主は実際にイタリアのピザ屋で働いた経験をもっている。近郊の山で採れた新鮮なキノコが入っていて、おいしい。9　オーガニックバナナ。完全無農薬の小さなバナナ。栽培しているというよりは、自生したものなのか。ちょっと渋いけれど、ちゃんと甘い。バナナといえども生の果物は貴重。

11

10

13

12

10　コカコーラならぬコールドコーラ。完全なニセモノです。カトマンズなどにはなく、ナムチェでしか見かけなかったことから、特定の業者がわざわざナムチェにおろしていると思われる。ボトルの形状も異なる。　11　塩スープに浮かぶモモ。生地が厚めで、美味い。外国人向けメニューにはないもので、プルバがこなれた感じで宿の女性に注文していたのを見て、うらやましくなった。これ一杯で腹が満たされる。　12　カトマンズの日本食屋で食べた生姜焼き定食。肉がちょっと固めだけど、ほとんど日本と変わらない味。旅のはじまりに食べても感慨はないが、旅の終わりに食べると格別な味がする。
13　チョウメン。ベジチョウメンや肉入りチョウメンなど、バリエーションはあるけれど、基本は焼きそば。麺を炒めたものだが、日本のソース焼きそばとも少し違う。

石川直樹×上田優紀 対談

上田優紀　写真家。1988年、和歌山県出身。24歳の時に世界一周の旅に出発し、1年半かけて45カ国をまわる。帰国後、株式会社アマナに入社。2016年よりフリーランスとなり、世界中を旅しながら撮影を行っている。近年はヒマラヤを作品のメインテーマにしている。2018年アマダブラム、2019年マナスル、2021年エベレスト登頂。

シーズンになると多くの登山客を抱えるエベレストだが、コロナ禍に揺れる2021年春にエベレスト登山を試みた日本人はたった1人しかいなかった。その1人である上田君とぼくは面識があり、自分たちがトレッキングをしていたちょうどそのときに彼はエベレストベースキャンプにいて、世界最高峰と向き合っていた。ぼくが歩いているとき、ベースキャンプではいったい何が起こっていたのか。この特殊な年にエベレストに登るとはいかなる困難を伴うのか。ぼくたちの体験とは、また別の角度からエベレストを見続けていた上田君に話を聞いてみることにした。

コロナ禍のエベレストベースキャンプへ

上田　初めて石川さんにお会いしたのは、ある写真賞を受賞したのがきっかけです。それまでパタゴニアに行ったり山に行ったりして写真を撮っていたんですが、ランドスケープや山を撮る写真家についてぼくがあまりにも無知だったので、審査員の方から一度石川さんに見てもらいなさいってご教授いただいて。

石川　会ったこともなかった上田くんから突然メールが来たんです

よね。そのとき見せてくれたのがチョオユーのネパール側のベースキャンプで撮影した写真でした。ネパール側からチョオユーに登る人って今はほぼいないんですが、そこに1人で1週間ぐらい籠って撮影したと聞いて、ちょっと興味を持って写真を見ました。

写真はきれいだったし、チョオユーのベースキャンプに1人で1週間もいられるなら、山に登ればいいんじゃないか、という話をしました。最初はどこかの6000メートル峰、例えばアマダブラムとかに登ってみたらって軽い気持ちで言ったら、その秋、本当にアマダブラムに登りに行って写真集を作っていましたね(笑)。ちょうどぼくが登ったのと同じ時期でした。

エベレストに登るには、まずは日本で雪山の技術に習熟して、次に海外の6000メートル峰に登って高所の感覚を掴み、その次に8000メートル峰の比較的簡単な山、今だったらマナスルとかに登って、そうしたらエベレストに行ける。あくまでエベレストという特殊な山に限っての話ですが、この3段階をクリアしたら登れるよってぼくはいつも言っています。同じことを上田君にも言ったら、愚直にそれを実行して、今に至るわけです。フットワークが軽いですよね。

上田　そんなところに行けるはずはないだろうって思っていたけれど、直樹さんは軽くおっしゃったんでしょうが、そうおっしゃるなら行けるんじゃないか、って勝手に思ったんです。行ってダメだったらしょうがないし、行ければ自分の写真の世界の幅が広がるなと。

石川　自分が思い描いていたエベレストに登るプロセスは、そんなに間違っていなかった(笑)。

そういう経緯があっての今年のエベレスト遠征なんです。まず上田君の遠征がスタートした日から振り返っていきたいです。

上田　4月3日に日本を出て、翌日にカトマンズに入りました。入国はスムーズで、日本で用意した書類を見せて1時間もかからずに入国できました。カトマンズでは4日間待機して、その間に病院に行ってPCR検査を受け、陰性だったので4月7日にルクラまで飛び、エベレスト街道を歩き始めました。

石川　その4日間の待機というのは、ネパール政府が決めたことですか?　それとも隊の人が言った?　自主的にやった?

上田　ぼくの隊のシェルパ曰く、４日間の待機をしないとルクラまでの国内線に乗れないということだったんです。ただ、それをどう証明するかわからないし、根拠もないいんですが、やれと言われたらやるしかないので待機していました。

石川　ルクラ行きの国内線に乗るときに、ＰＣＲの陰性証明書などは見せましたか？

上田　見せなかったです。ルクラやエベレスト街道のチェックポイントでも、見せることは全くなかったですね。

石川　ぼく自身が今回の旅のためにネパールのビザを取ろうとしてまだ手探り状態だったときに、先に入国した上田君にいろいろ教えてもらいました。上田君が入国した時点では、そこまでコロナが感染拡大している雰囲気はなかったですよね？

上田　公式には1日3人ぐらいしか感染者が出てないような状態でした。２０２０年秋に一度増えたもののその後一気に下がって、ロックダウンも解除されて緩い感じでした。エベレスト街道では、トレッカーもほとんどいなかったし、トレッカーは歩いているときにマスクをしてないし、ナムチェバザールのベーカリーやカフェは通常通り営業していたし、宿も開いていたので、あまりコロナの感じはしなかったです。

石川　それでエベレストベースキャンプ（ＢＣ）に入って、高所順応しながらサミットプッシュのタイミングを待つわけですが、今年は天候が二転三転してサミットプッシュの時期がどんどん後ろに延びたんですよね。そのあたりから、ニュースではカトマンズの感染者が爆発的に増えていること、ＢＣでもクラスターが起こっている、というようなことを伝えはじめました。上田君は、広いＢＣに長い時間いたわけだけど、コロナの雰囲気を感じることはありました？

上田　４月14日にＢＣに入ったら、コロナの雰囲気はめちゃくちゃありましたね。毎日のようにヘリが来て感染者をカトマンズまで移送していました。うちのシェルパが4月の終わり頃に、もう１００人以上は運ばれてると言っていたし、それからもまた増えて、登っている途中に感染して降りてきた隊もありました。だから感染者は１００人どころじゃない、シェルパも合わせて１５０人から２００人近くは感染者がいたと思います。お金を持っている人だと、５月の初旬にコロナになって、ルクラかカトマンズまでヘリで戻り、治してからもう一度来たっていうケースもあったと聞きました。

石川　BCには医者が常駐するメディカルテントが毎年作られていますが、今年もありましたか？

上田　ありました。ぼくは行ってないですが、結構な数の人がそこで検査をしていて、隔離されている人もいました。陽性になった人は、次の日にヘリを呼んでそのまま帰ってましたね。

石川　オーストリアの国際公募隊はコロナに罹患するリスクを考えて、サミットプッシュを止めて途中で帰っちゃったようです。彼らは毎日のようにPCR検査をしていたのに、感染者が出てしまった。キャンプ2(C2)に行く途中、アイスフォールで他の隊とすれ違った時にコロナにかかったんじゃないか、とインタビューでリーダーが言っていましたが、それはなかなか想像しにくい。アイスフォールの途中でほんの一瞬、他の隊と一緒になっただけで感染しちゃうのか、と。

上田　そういうところでも可能性はあるので、できるだけ人と話すなとぼくは言われていました。BCはもちろん、登っている途中でも感染するかもしれないから、挨拶はしないで極力無視して上がれと。

石川　BCで上田君の隊の隣にいた隊でも何人かコロナにかかっていたようですけれど、上田くん自身はコロナにかからなかったですか？もちろんかからなかったから登頂できたと思うんだけど、兆候などもなかったですか？

上田　ぼくは大丈夫でした。味覚は正常だったし、熱や咳も出なかったです。頭痛や体がだるいとかお腹を下すなどはありましたが、それらはたぶん高山病だと思います。BCには2カ月近くいたので、その間に一度コロナにかかって治っている可能性もありますが。

石川　BC生活では、他の隊のところに遊びに行ったりすることがよくありますが、それも今年の状況だと…。

上田　それはできなかったですね。基本的にずっとテントの中です。普段だったら大きな隊とか日本人チームがあればそこに遊びに行ったりするけれど、今年はコロナのせいで自分たちのところから出るなと言われていたので、アイスフォールに写真を撮りに行ったり、BC内をウロウロすることもできなかったです。だから、同じ本を何回も読んだり、映画を見たりしていました。5月6日に高所順応が終わって、サミットプッシュに出発したのが16日なので、その間の10日間はテントの中でストレッチや腕立て伏せをしたりして、なんしなく体を動かしていました。BCを歩きながら体を動かしてるだけでも違うと思うんですが、それも禁じられていましたね。

1人隊での遠征

石川　上田くんの隊についても聞きたいです。アマダブラムのときもそうでしたが、上田くんが参加している隊は、いつも1人隊なんですか?

上田　はい。1人隊です。ぼくとシェルパだけです。

石川　1人隊って寂しくならないですか? ぼくの隊は、エベレストのときは10人ぐらい、マカルーでも5人ぐらいいたし、シェルパも含めたらもっとなんだけど、そういうチームで行くのは考えたことがないですか?

上田　たぶんチームで登るのにも楽しさも大変さもあると思いますが、ぼくが1人隊を選ぶ理由のひとつに、自分の足が遅いということがあります。ぼくは登るのがすごく遅いんです。かつ写真を撮りながら進む。自分のペースでないことで体に影響があったり写真が撮れないのであれば、チームで登るよりも1人で登った方が納得できる旅になるなというのが理由です。

石川　自分のなかでは上田伝説みたいな感じなんですが、上田君がアマダブラムに登るとき、「アマダブラム　登山」って日本語で検索して、一番上に出てきたマイナーな旅行会社にそのまま申し込んだんですよね。その会社のホームページは一応日本語なんだけど、ネパール人がGoogle翻訳を使って書いたような、ちょっと変な日本語のサイトで。ぼくだったら絶対そんなとこには申し込まないです(笑)。

申し込んだら即座に返信が来たので、アマダブラムもその会社を通じて知り合ったシェルパと2人きりで登り、その時にシェルパと絆ができたので、次はエベレストをいっしょに登ろうぜ、という流れですよね?

上田　そうです。アマダブラムの後に、マナスルも同じシェルパと組んで登りました。初めて会った時、彼は23歳だったんですけれど、槍ヶ岳山荘で2カ月ぐらいの出稼ぎを2度やったことがあるらしく、コミュニケーションがとれる程度の日本語は話せました。

石川　でも、23歳ならまだ登山の実績はそこまでないですよね。何かちょっとしたピンチのときに言い訳したりしませんか？

上田　彼はアマダブラムもマナスルもエベレストも初めてでしたね。言い訳というか…帰りたいオーラがたまにあります（笑）。「こんなのもう日本人はみんな諦めるよ」みたいな空気を出したり、ロープでお互いが繋がっているわけでもないから、すごいキツいのに先のほうに行って、見えないようなところで待っていたりします。

石川　なるほど。エベレストに10回ぐらい登っているシェルパなら、慣れてない登山者に対してフィックスロープを掛けかえる手伝いをしてくれたり、重い荷物を持ってくれたりするけど、そういうのはなかったんですね。

1人隊だと天気予報はどうしていましたか？上田君は、サミットプッシュの時期をずらしつつ慎重に登っていたので、シェルパの情報網を使って他の隊のシェルパと相談したりしていたんですか？

上田　BCやC2にいるときは、シェルパが大きい隊の新しい天気予報を聞きに行ってくれたりしましたけれど、うちのチームとしての天気予報は、カトマンズにいる社長さんからBCに無線か電話があり、それをうちの隊のキッチンシェルパが無線で飛ばしてくれます。

石川　ちゃんとした隊だと、スイスやアメリカから正確な天気予報や天気図みたいなものを仕入れて判断しますが、カトマンズからの天気予報…。

上田　無料の天気予報をネット検索しただけですから、精度が全然違ったと思います。

石川　そんな予報はほとんど参考にならないから、やっぱりシェルパ同士の情報交換ですかね。大きな隊のシェルパと連絡とりながらおこぼれをもらう、みたいな。

それにしても、大きな隊の場合、1人感染者が出るとみんながかかるかもしれないと考えると、1人隊というのも今回は良い選択だったかもしれないですね。

上田　そうですね。狙って1人隊にしたわけではなかったですけれども、結果的に良かったです。そもそもシェルパなしで登ることはぼくには絶対できないから、お互いコロナになったらもう終わりだよねって話はしていました。

サミットプッシュへ

石川　今年はサイクロンが2回来たりして天候の変動も大きいうえに、さらにコロナ禍もあって、非常に波があったシーズンだと思います。無事にＢＣで順応した後、天候の影響でどんどんサミットプッシュが遅れて、不安になりませんでしたか？

上田　もちろんなりました。梯子がないとアイスフォールを抜けられないので、アイスフォールドクターが梯子を外したらもう終わり。梯子がはずされるのが5月29日と決まっていて――結局後ろ倒しになって6月4日か5日になりましたが――もう行けないかもしれないという不安はすごくありました。本音を言えば、コロナよりも天候の方が個人的には辛かったです。

　サミットプッシュのために5月16日にＢＣを出発しましたが、実は14日にも1回出発していて、でも天気が悪くなってアイスフォールの途中まで行って降りてきたんです。そこで、もう我慢できないって帰っちゃう人が結構いました。

石川　メンタルが保てない人は待てずに帰っちゃうんですね。上田君はねばりましたね。上田君は、サミットプッシュでＣ２に上がったものの、天候が安定しないのでＣ３までは上がらず、Ｃ２で4日間ステイしました。その時点で、もしかしてこのままＢＣに引き返すかも、みたいなことも考えましたか？

上田　シェルパとはＣ２でその話をしました。当初は5月20日の天気が良いという予報でしたが、それが23日か24日にずれこむと。もしＣ２からこのまま頂上までストレートに上がっていければ時間が余るので、一度ＢＣに戻って体を休めてからもう1回Ｃ２に引き返してもいいし、あるいはこのままＣ２にステイし続けるか、みたいな話はしました。でも、アイスフォールに滞在する時間をなるべく短くしたかったのと、往復に使う体力やBCに戻っても1日2日しか休めないということを考えると、C2にステイした方が体力的にはいいんじゃないかという話をして、それで結局C2に4泊しました。5日目の朝はまだ雪が降っていましたが、食料も1回のプッシュ分しか持って来ていなかったので、降りるか登るかはその日に決めないといけなかった。それでとりあえず行くだけ行ってダメだったら来年にしようよって話をして登ったら、午後から晴れてくれたので、C3に着けたっていう感じですね。

石川　上田君はエベレストの後にローツェも狙っていて、エベレストの頂上に立ってから最終キャンプ(C4)まで降りて、ローツェへ行く予定でしたよね。

上田　そうです。23日にエベレストに登頂した後、最終キャンプにもう1泊しました。24日にローツェに行こうと思ってたんですが、風がすごく強かったので結局ダメで、28日か29日なら天候が良くなるかもしれないという話があったので、C2まで降りて2泊待ったんですけど、そこでぼくの精神力と体力が限界になりました。もう無理だと思って、26日にBCに降りました。

石川　今年は、チベット側から中国隊がエベレストに登っていて、頂上に壁じゃないけれど、線みたいなものを張ってネパール側からチベット側へ越境できないようにするという話もありました。ネパール側から来た登山者と頂上で接触してコロナに感染してしまうかもしれないから、という理由です。結局それはやらなかったようですが、中国はそこまでコロナを警戒していた。でも、頂上付近では、ほとんどの人が酸素マスクをしているし、感染するなんてほぼありえない。そもそも上の方に行ったら、登頂して生きて帰ってくることしか考えてないから、コロナうんぬんを気遣うほどの余裕はないように思います。

上田　ないですね。今回もC3より上は、もうそういう雰囲気は全くなくなりました。頂上で酸素マスクを外している人もいたので、たぶん誰もそんなことを考えてないですね。

石川　今年のエベレストは登頂者の第一陣が結構早めで、その次が遅かったから、登頂者がうまく分散しましたね。

上田　5月12日、23日、29日が今年の登頂の大きな流れでした。今年の登山許可は結構多かったようですね。

石川　今年、ネパール政府が出した登山許可は、エベレスト史上最多の408人です。

上田　そこまで人が多い感じはしなかったですけれど。

石川　23日にエベレストに登頂し、C2に降りてきて一応2泊して待ってはみたけど、結局ローツェは諦めてBCに戻った、それが26日ですね。遠征が終わりに近づき、BCまで戻ってきたら、だいたいの登山者はすぐに帰ろうしますけれど、上田君の帰りの道のりはどんな感じでしたか?

上田　BCで2泊した後、ゴラクシェプでも2泊しました。BCで2泊待ったのは、体を休めるという理由ももちろんありますが、ヘリに乗れなかったんです。

　5月の終わりぐらいから、自主的なのか国の命令かわからないんですが、エベレスト街道のロッジが全てクローズして、どこにも泊まれなかったんです。冗談だと思いますがシェルパから、3日間眠らないでルクラまで歩くか、お金を払ってヘリで行くかどっちにする?と聞かれました。もし歩いた場合、ロッジは閉まっているから食事もできない。一方、ヘリは1000ドルぐらいだったので、ルクラまでヘリで帰ることにしました。ぼくと同様に5月後半までBCにいた人たちは、宿に泊まれないから全員ヘリで帰ってるんです。あと天気が悪くて、C2に待機している人が何十人もいました。C2からアイスフォールまで下って体力がなくなってBCに降りて来られない人たちも大勢いましたね。そのうえ5月後半にC2上部で大きな雪崩が起きて、ものすごい爆風と共にいくつかのテントがぶっ壊れたんですよ。泊まるテントがなくなった人たちのところにヘリが集中してしまって、BCに来てくれるヘリが足りませんでした。3日ぐらいBCで待っても来ないので、ちょっとでも標高を下げようと、唯一営業している宿があったゴラクシェプまで降りて、2泊した朝にようやくヘリが来てくれました。ルクラに着いたのが30日の朝8時で、1泊してカトマンズに帰れました。

石川　カトマンズに戻って、日本に帰るまで何日ありましたか?あの頃は、国際線が飛ぶか飛ばないか、という時期でしたよね。

上田優紀2021年エベレスト遠征行程

4月3日	日本発
4月4～6日	カトマンズに滞在
4月7日	カトマンズ－ルクラ
4月14日	BCに入る
4月28～29日	C2で高所順応
5月2～6日	C3で高所順応
5月14日	サミットプッシュに出るが天候悪化が予想されたため、アイスフォールで断念しBCに戻る
5月16日	サミットプッシュを開始しC1へ
5月17日	C1－C2
5月18～20日	C2で停滞
5月21日	C2－C3
5月22日	C3を出て23時ごろC4を出発
5月23日	エベレスト登頂－C4
5月24日	C4からC2に降りてローツェ登頂を目指すが強風のため断念
5月25日	ローツェ登頂を目指すためC2に停滞
5月26日	ローツェ登頂を断念しC2からBCに降りる
5月27日	BCで待機
5月28日	BC－ゴラクシェプ
5月29日	ゴラクシェプに滞在
5月30日	ゴラクシェプ－ルクラ
5月31日	ルクラ－カトマンズ
6月1～3日	カトマンズに滞在
6月4日	カトマンズを出発
6月5日	成田空港着

上田　国際線は全て止まっていたので、カトマンズには5日間いました。カトマンズはロックダウンで規制が強く、ホテルも飲食店も全部クローズしていました。病院に行こうとしても、検問があって飛行機のチケットなどを見せないと罰金5000円ぐらい取られていましたね。
国際線はまったく飛んでなかったんですが、6月4日に大韓航空がネパール在住の韓国人向けにチャーター便を出すと発表しました。それで大韓航空のオフィスに行ってみたら3席ぐらい空いていたので、韓国経由で帰ることにしました。韓国から成田の便は毎日飛んでおり、それで日本に帰って来ました。

石川　カトマンズでホテルが営業してないとなると、どこに泊まっていたんですか？　上田君は1人での滞在とかは余裕だから、飛行機が飛ばなくても「まぁ、いいか」みたいに思ってました？

上田　文章を書いたり写真をざっと見たりとかやることはあるので、なるようになるかとは思っていました。早く帰りたいな、みたいな気持ちはちょっとありましたけれど。タメル地区にある安宿が2、3軒やってるみたいな話がある以外、ホテルはどこも営業してなくて、結局、カトマンズに住んでいる旅行会社の社長がマンスリーマンションを借りてくれて、ぼくはそこに入りました。台所もあったので、食材も用意してもらい、Wi‑Fiもあるし、窓から風は入って来るし、Tシャツで過ごせるし、そこで1週間近く過ごしても全く不便ではなかったです。BCでテントから出られないときのほうがしんどかったですね。

石川　例年だと、エベレストに登頂した人はさくっと日本に帰って、日本に帰って来てからもエベレストの余韻に浸ったりすると思うんですが、上田君はカトマンズでも長期滞在してるし、帰国してから成田空港での隔離もあるし、自宅でも隔離しないといけないし、その間に体も自然と日常生活に戻ってしまったんじゃないですか？

上田　そうですね。普通だとまっすぐ家まで帰ってきて引きずるというか、余韻を留めることが多いんですが、カトマンズに戻っても飛行機の手配をしないといけないし、ずっとわちゃわちゃしていましたね。それも含めて普通とは違う今年のエベレストだったと思っています。

石川　上田君はどうして今年行こうと思ったんですか？　こういう状況で躊躇はなかったですか？

上田　こんな状況ではあったにしろ、お金を用意することもできたし、コロナがもっと広がる可能性もあったので、ネパールが山を開いてくれるんだったら挑戦しようと思いました。山は逃げないですけれど、チャンスは逃げるので、今年チャンスがあるなら行こうかな、と。躊躇はなかったです。ぼくの登山の技術だとエベレストは春に登るしかチャンスがない。本当は去年の春に行く予定だったんですが、エベレストには入山すらできなかった。今回が正解だったかどうかはわからないですけれど。

石川　正解だと思いますよ。逃すと逃し続けちゃう。来年はどこか行きますか？

上田　今年ローツェに登れなかったんでローツェに春行こうかなとは思っています。

石川　K2に行くのはどうですか？

上田　K2はまだちょっと早いです…（笑）。3年後、4年後ぐらいには。

2021年1月、冬期K2世界初登頂を成し遂げたミンマと、彼がガイドするシェルパの三姉妹にベースキャンプで出会った。三姉妹は、5月12日にエベレスト登頂を果たした。

同行者３名、それぞれのヒマラヤ

1 「血中酸素濃度60%のエベレスト街道」
亀川芳樹（4月28日帰国）

2 「ロブチェピーク登頂記」
福島舞（5月5日帰国）

3 「カトマンズからの脱出」
辻村慶人（5月23日帰国）

1 「血中酸素濃度60％のエベレスト街道」

亀川芳樹

◉ 4月15日

アブダビ経由で9回目のカトマンズに到着。

安宿が並ぶタメル地区にあるマドゥバンゲストハウスに泊まる。カトマンズに来たらいつもここだ。15畳ほどのシングルルームが1泊1200円で、相変わらず屋上が気持ちいい。お茶を飲みながら本を読む。カトマンズの良いところは、ほとんどの建物に屋上があること。コロナでほぼ全てのお店は閉まっている。

◉ 4月17日

石川さん達と合流し、ルクラへ飛ぶ。

◉ 4月18日

17日の晩はモンジョに泊まり、翌18日ナムチェバザールに到着。

2012年に三浦雄一郎さんの撮影でこの道を歩いたことがある。その時はモンジョ〜ナムチェバザール間にある急斜面がとても辛かった思い出があるが、今回はすんなり登れた。体調がいい。だがその日、ナムチェの宿で水温35度程度のぬるすぎるシャワーを浴びて少し風邪をひく。

◉ 4月20日〜23日

ナムチェバザール〜ペリチェ。

歩いている石川さんを、後ろから撮る。本当はダダっと走って前に回り込み、石川さんの顔も撮らないといけないのだが、それができない。走って200メートルほど先から、ヒマラヤの遠望の中にいる石川さんも撮りたいのだが、それもできない。2012年は走り回って撮っていたが、今回は身体がいうことを聞かない。なんでだろう? 23日にペリチェに到着。なぜか異常に眠たい。

◉ 4月25日

ロブチェに向かう。昼食頃から休調がおかしくなった。身体と意識が2cmくらいズレている感じがする。昼食を終えて歩き出した後、異常に疲れを感じたので先頭を行くガイドのダワさんに「ちょっと休ませて下さい」と言おうと思ったが、なぜかそれを英語で頼んでいた(ダワさんは日本語ペラペラ、ぼくは英語がヘタクソ)。いつもダワさんとは日本語で話していたし、この時も英語で話す自分がおかしいと感じていたが、止められなかった。

ロブチェのロッジに到着し、トマトスープを頼んだが異常に塩辛く感じられ、一口飲んで残してしまった(後で石川さんにこの話をすると、トマトスープは全く塩辛くなかった、とのこと)。

ここから以降はほとんど記憶がない。憶えているのは、石川さんの「開けて下さい! 亀川さん開けて下さい!」という声が聞こえ、部屋のベッドに横たわるぼくは、起きようともがくのだが、もがけばもがくほど逆に体がベッドに沈みこんでいったこと。底なし沼のよう。この時、ロッジの方がドアをブチ破って開けてくれ、ガイドのプルバさんが血中酸素濃度を測ってくれたそうだが、その数値が60%以下だったという。発見が20分遅ければ死んでいたとプルバさんが仰っていた。

その日は夕食を18時に決めていて、ぼくが来ないので石川さんが呼びに来て異変に気付いてくれたわけで、もし夕食を18時半にしていたらぼくは死んでいたことになる。その晩は(翌日にロブチェピークへの登山を控えた)プルバさんが、徹夜で僕を看病して下さったそうだ。感謝してもしきれない。

あと一つ鮮明に覚えているのは、背中に羽の生えた天使が2人紫色の和紙を抱えて現れて、その和紙に当時ぼくが抱えていた悩み（ある女性フォトグラファーのドキュメンタリー番組を制作したいのだが、誰にどう相談したらよいか?）の答えがびっくりするほど明確かつ的確に書かれていたことだ（その答えの明快さに驚いた記憶はあるが、残念ながら具体的な内容は覚えていない）。後に石川さんから聞いた話によれば、ぼくは「PDFが…」とうわ言を言っていたそうだが、この時天使が示してくれたアドバイスをPDFにして保存しておきたいという願いが、そのうわ言となっていたのかもしれない。

◉ 4月26日

翌朝、少しでも酸素が濃い場所へ降りた方がいいとのことで、ヘリコプターでルクラへ下山する。ヘリポートにはストレッチャーがすでに用意されていて、そのまま横にある小さな病院へ入院する。人工呼吸器がつけられ、点滴を受ける。医師が看護師に「デキサ…」と指示していたので、「Dexamethasone?」と聞くと、「イエス」とのこと（この件後述）。一晩ここに入院し、翌朝カトマンズへ飛ぶことに。

◉ 4月27日

病院からルクラの空港までは歩いて5分程度なのだが、肩を貸してもらわないと歩けないほどしんどい（あとでわかったのだが、この日の血中酸素濃度はまだ73%）。カトマンズの空港には今回の旅行会社の社長、タムディンさんが迎えに来てくれていた。そのまま病院へ行くはずだったが、4月28日からネパールの空港が閉鎖される可能性があると教えてくれる（実際閉鎖されたのは5月6日の深夜）。

コロナの感染が世界的に急拡大していた昨年3月の終わりにもぼくはカトマンズにいて、まさに空港が閉鎖されるという憂き目にあった。結局、その時は最終便の最後の2席を、通常の3倍の料金でゲットした、その時の悪夢がよみがえる（同じ時期にカトマンズにいた同業者は最終便に乗れず、そのまま2カ月間カトマンズで足止めを食らった)。

慌ててエクスペディアで航空券を検索すると、いつもは片道6万円台の成田行きチケットが既に18万円になっている。こりゃ空港閉鎖は本当だ。一刻も早く航空券を押さえねばならない。だが、ネパールを出国するにも、日本に入国するにも、PCR検査の陰性証明書がなければならない。明日までにそれを取れるのか? 陰性証明書が取れてから航空券を押さえようとしても、その間にドンドン値が上がってしまう。だが、だからといって航空券を押さえても陰性証明書がないとただの紙切れとなる。えいままよ! 翌28日の午前11時発のカタール航空のチケットを押さえる。飛行機が午前11時出発なので、明日の朝9時までにはPCR検査の陰性証明書を取らねばならない。タムディンさんに相談すると、方々に電話を掛けてくれ、1軒だけ本日中に証明書を出してくれる病院があるという。バイクでその病院に連れて行ってくれた。

病院は凄まじい人の群れで、検査を受けるだけで数時間かかりそう。日本の駐在員らしき方々も散見される。タムディンさん曰く、看護師長さんが特別に今日中に証明書を出してくれるそうなのだが、その看護師長がつかまらない。この時すでに午後の2時をまわっていた。病院は陰性証明書を求める人の群れで戦争のような忙しさ。携帯で何度も何度も電話をした末、ようやく看護師長さんがつかまる。だが、「陰性証明書を出すのは最低36時間かかる」という。飛行機は明日の午前11時なのだから、それでは間に合わない。チケットがパーである。チケットがパーどころか、それに乗れなきゃ何カ月も日本に帰れない可能性があるのだ。その場を去ろうとする看護師長さんをつかまえて懇願したら、彼女の心の琴線に触れたらしく、「わかった! 明日の8時半に証明書を出しましょう!」と言って下さる。そのまま検査を待つ長蛇の列をかき分け、最前部に入れて下さり、鼻に綿棒を入れて粘膜を採取される。

その晩はホッとして、久しぶりの日本食を食べにタメル地区にある「桃太郎」に向かった。だがやっぱりしんどくて、宿から歩いて10分程度なのだが倍の時間がかかった。半ば義務のような気持ちで、豚の生姜焼き定食、キュウリの酢の物、湯豆腐、あんかけ豆腐、ハイネケンを頼む。どれも半分くらいしか食べられず、ホテルに帰るのもタクシーを使った(この日の僕の血中酸素濃度がまだ73%であったことは、帰国後にルクラの病院でもらった「Daily patient clinical note(診療経過記録)」を読んで初めて判明したことで、それを知っていたらハイネケンは飲んでいない)。

部屋に戻りベッドに倒れ込む。体温が急上昇するのが分かる。こりゃPCR検査の陰性証明書が出ても、空港の体温チェックで引っかかって飛行機に乗れないかもしれない…と考えていたら寝落ちしていた。

◉4月28日

出発の日、朝起きたら熱はスッと引いていた。荷物を整え8時に病院に到着。病院まで運転してくれたドライバーさんが「オレに任せろ」というので、ぼくは車の中で待っていた。ところが、9時15分になっても、9時半になってもドライバーさんは戻ってこない。病院から空港まで30分、飛行機は11時なので、9時半までに結果が出ないと飛行機には乗れなくなってしまう。万事休すか? 様子を見に行くと、なんと病院の椅子に座って昼寝をしていた。ちょ〜(怒)!

受付の女性にパスポートを渡して事情を説明すると、「ちょっと待って」と言って、ぼくのPCR検査の結果を持って来てくれた。結果は「Negative」。お礼を言って空港へ向かう。

空港に着いたのは飛行機出発の45分前。

チェックインカウンターにパスポートと陰性証明書を出す。だが、カタール航空の職員が数人集まって、ぼくの陰性証明書を見て険しい顔をしている。イヤな予感がする。曰く：

①パスポートナンバーの「TS」が「T5」になっている。

②生年月日が間違っている（この日に生まれたことになっていた）。

これでは飛行機に乗れない。だが、成田空港の検疫所に電話をしてくれて、問題ないと確認を取って下さり、なんとかカトマンズを飛び立つことができた。

【帰国後、腑に落ちたこと】

帰国後もしばし入院し、退院後に体重を測ったら76・6キロになっていた。出発時は87キロあったので、倒れてからわずか14日間で10キロ以上減ったことになる。物理的にこんなことがあり得るのか？

医学部で学ぶ友人に今回の顛末を話すと、「脳浮腫だったのでは？」と指摘される。そこで思い出したのが、ルクラで点滴された薬がDexamethasoneだったということ。この薬は、エベレストで三浦豪太さんが脳浮腫に罹ったときに、自分で太ももに注射をして一命を取りとめた薬だ。先述の「Daily patient clinical note」には、ぼくの顕著な症状として「confusion（錯乱）」と書かれていた。ちなみにこの頃、どうしても仕事で話さなくてはならないことがあり、日本に電話をしたのだが、帰国後に聞いたらぼくの喋っていることは支離滅裂で理解できなかったという。

やっぱり程度はどうあれ、ぼくは脳浮腫になっていたのではないかと思う。

2

「ロブチェピーク登頂記」

福島舞

4月28日午前1時前、もうすぐ携帯のアラームが鳴る時間だ。寝袋の中で寝返りをうつ音でさえも気を使ってしまうような静かな夜、生き物の気配も感じられないそんな場所に携帯のアラーム音は絶対に似合わないだろう。アラームは鳴る前に消したものの、数日前から出る咳だけは止めようもなく、夜中1時の静けさを打ち破る。さあ起きなきゃ。

標高5300mにあるここロブチェピークのハイキャンプは、前日からの雪でテントの中の飲み物が凍るほどだが、日本で準備してきた防寒装備のおかげで私はこのうえなく快適に眠れた。旅がはじまって今日で13日目、咳き込むようになったのを除けばものすごく順調だ。心配していた高山病も無く、旅の初めに石川さんから教えてもらった旅の極意、「よく食べ、よく飲み、よく出し、よく眠る」を徹底して守り通してこられたからなのだと思う。出発前からやりたかった朝ラン(早朝ランニング)も順調にこなせてきた。

エベレスト街道を歩くのは毎日10キロ程度で、高度にも少しずつ時間をかけて慣らしていったので、トレイルランナーとして日本の山々を走り回っている私にとって、ここまでの道のりは余裕だった。むしろ普段のトレランの方が手足のむくみがひどいほどだ。しかし、冬山の経験がない私にはここから未知の領域になる。ユマールがなんなのか、エイト環がなんなのか全くわからないまま、言われた通りに日本で道具を揃えてきた。アイゼンの着け方は旅の途中の宿でダワさんに教えてもらった。だが姉に借りた冬山用の靴は日本の山向けのもので、6000メートル峰で使うには適さないことをナムチェで石川さんから聞いた。それでも後には引けない。そこに山があるのなら、登るまでだ。

ボトムはインナー1枚と冬用登山パンツを履き、トップスには、インナー、ダウン、防寒着、レインウェアを着る。ニット帽にヘッドライトをつけ、靴下と手袋の中にはカイロをしのばせた。ハイキャンプからしばらくは雪がそれほどなく、アイゼンは後から着けることになった。ロブチェピーク登頂をめざす私のスタイルも完成し、さあいざ出発だ。

先頭は隊長プルバさん、その次に私、そして石川さんだ。プルバさんが手をうしろで組みながら、まるで近所を散歩するかのようにゆっくりゆっくり登っていく。夜中の静けさに聞こえてくるのは足音と呼吸、そしてプルバさんが唱えるお経だけ。「ビスターリ、ビスターリ（ゆっくり、ゆっくり）」、時々振り返ってはそう励ましてくれるプルバさんのうしろを歩いていると、テントの中では感じなかった空気の薄さが身にしみる。

エベレスト街道を歩いている時は、毎日の朝ランの甲斐もあって、この標高でこれ以上ペースをあげると危ないという、自分の限界のセンサーみたいなものが反応してうまく回避できていたのに、5300mを超えたあたりから次の一歩が出なくなってしまった。標高が上がる度に空気中の酸素量が減っていくのが感じられ、たった一歩なのにダッシュを走り終えた後のような呼吸になってしまう。50mダッシュ、100mダッシュ…。ダッシュの距離も伸びているように、とにかくめちゃめちゃ苦しい。くわえて、咳き込みも激しくなってきた。咳き込む度に喉が焼けるように熱く、痛みが増してくる。つばを飲み込むのも覚悟がいるほどで、息を吸うとヒューと入ってくる乾いた空気が肺を刺し、割れたガラスを吸い込んでいるような感じだ。

標高5500m付近でアイゼンを着けるために立ち止まり、初めて後ろを振り返った。闇の中に光り輝いていた満月がいつの間にか見えなくなり、山々の間から太陽が顔を出そうとしている。その瞬間の朝焼けは壮大で美しかった。ここまで来られて、こんなに素敵な景色が見られて、私はもう満足だ。そして前を向き直し、ロブチェピークのまだ見えぬ山頂を見上げた時、途方に暮れてしまった。「私には無理です。私はここで待ちます」そう言いたかった。しかし、私の口が動くより早く、プルバさんが私の足にアイゼンを着けてくれた。

山頂も見えないほどに高くそびえるこの「壁」を登らなければならないのだ。そんな壁に今から挑むのに、未だ何を装備するのかもよくわかっていないまま、ロープを使う斜面に入る。プルバさんが私のハーネスに付いているユマールをロープにかけてくれ、「さあどうぞ」と言う。恐ろしい、まさかの先頭交代である。そしてその第一歩が、これはクライミングですか?と聞きたくなるほど急な岩場から始まる。

ユマールはロープに引っ掛けるとしっかりとロープを噛んで動かなくなる仕組みで、思った以上に手の力が必要だった。「壁」は険しく、こんなにも動けない自分が惨めで、申し訳なくて「ソーリー、アイムレイト」と繰り返して言っていた。そのたびにプルバさんは、「ノープロブレム、グッドペース」と励ましてくれ、次のロープへカラビナとユマールを手際よくかけてくれる。私は完全にプルバさんにおんぶにだっこ状態だ。ここまで自分の身体が動かず、呼吸が苦しい経験を、トレランでは味わったことがない。

相変わらず喉は痛く、声はかすれている。早くこの登山を終わりにしたい。けれど、まだ山頂は見えない。何度か壁を乗り越えていくうちに、さきほどまで山の間から顔を出していた太陽は、もうすっかり頭の上だ。暑さに耐えられずアウターの下に着ていた防寒着を1枚脱ぎ、手袋も薄いものに着け替える。そこでようやく山頂が見えた！　山頂が見えれば、あとはあっという間に着くだろうと思いこんでいたが、ロブチェピークはそう甘くはなかった。最後にまさかの巨大なクレバスがあったのだ。それをジャンプで飛び越え、なんとか無事に山頂にたどり着くことができた。

標高6119m、快晴、無風、山のコンディションは最高で、ロブチェピークの頂上からは世界最高峰エベレストをはじめ、見渡す限りに山が見える。プルバさんがいなければ、私は登り切れなかっただろうな。そして石川さんに誘われなければ、一生この目で見ることもなかった景色だろうな。そんな事を思うと、感激と喜びと感謝と、いろいろな感情が全身を駆け巡り涙が溢れ出てきた。その一方で、もう二度とこんな辛い思いするものか、6000m級の山に挑戦するのはこれが最初で最後だ、と固く心に誓った。

晴れ渡った空には、いつの間にか雲が広がりだし、山頂を後にした瞬間、太陽が雲の中に消えていってしまった。山の天気は本当に変わりやすい。

下山する際、ロープを使っての懸垂下降は思いのほか楽しく、あの「壁」をあっという間に降りてきてしまった。相変わらず喉は焼けるように痛く、つばを飲み込むのも、話すのもやっとだったが、空気が薄いところから濃いところへ、そして登るよりも下る方が遥かに楽で速いので爽快だ。登りに約6時間、下りに約3時間、休憩を合わせると合計約10時間の旅だった。

テントに戻り、ハイキャンプで温かいスープをいただく。ニンニクが効いていて、疲れた身体に染み渡りとても美味しかった。でもここで終わり、ではなく、ここから今日の宿まで歩かなければならない…。もう気持ちも体力も限界だというのに。

重い足を引きずるようにして歩き、ようやく宿にたどり着く。エベレスト街道での私のモチベーションはロブチェピークの登頂で頂点に達し、食べることも、飲むことも、もうどうでもよくなっていた。辛ラーメンを注文して食べたけれど、疲れすぎて辛さもよくわからなかった。でもあんなに痛かった喉の痛みは不思議と消えていた。その夜、登山靴を貸してくれた姉に登頂の報告を電話でして、もうこんなに辛くて苦しい思いは二度としたくないと話したら、「その思いは今だけだよ。日本に帰ってきたらまた行きたいって絶対言うよ」と言われた。

翌朝ナムチェまで戻り、辻村さんとダワさんと合流した。辻村さんと美容室に行き、500ルピー（約500円）で髪を洗ってもらった。その後はカフェに行きポップコーンとコーラを注文した。昨日とはまったく違う日常の世界だ。昨日の今頃、死にそうな思いをしていたことが嘘のように感じられる。

その後はコロナの流行に見舞われ、カトマンズのロックダウン、空港閉鎖で航空券の取り直しなど、思いがけないことの連続だったが、なんとか帰国することができた。

今、あらためて旅のことを考える。シャワーにも入れず、ビールも飲めず、食べたい物も食べられなかった日々…。それなのに姉の予言したとおり、あんなに苦しい思いをし、二度と登りたくないと思っていた6000m級の山にまた登りたくなっている自分がいた。また絶対に行きたい、もっと高い山にも挑戦したい！　なぜかやる気が沸々と湧いてくる。二度と走らないと決めたトレランレースにまたエントリーしてしまうように、苦しい思いをすればするほどまた行きたいという思いにとらわれるのかもしれない。

そして、エベレスト。今まで挑戦しようなんて全然思わなかった山が、いまや私のなかで現実に登ることのできる山として存在している。

石川さん、また素敵なお誘いお待ちしております！

3　「カトマンズからの脱出」

辻村慶人

　昨年、石川さんと『SHERPA』という本を作った。ヒマラヤ登山で活躍するシェルパ族に光を当て、コロナ禍で苦境に立たされた彼らに本の売り上げを寄付できないかと企画したものだ。「せっかくだから一緒に寄付を渡しに行きましょう」と石川さんに誘われ、あまり深く考えずにネパールまで付いてきたのがそもそもの始まりだ。登山はおろか、トレッキングすら縁のない生活を送るぼくにとって、エベレスト街道での日々は体力的にも精神的にも限界を超えていた。それでも一歩一歩足を前に踏み出し続けられたのは、高所でたくましく生きるシェルパたちの生活と、そこに深く浸透したチベット仏教の文化が新鮮で魅力的だったからに他ならない。

　ところが、エベレスト街道での旅を終えて、あとは帰国するだけという段になったところで、コロナの症状は全くないのに、PCR検査で陽性反応が出てしまった。それだけでも十分酷なのに、本来ぼくが乗る予定だった5月6日の便を最後に、ネパールでは国内線・国際線ともに離発着が禁止された。石川さんと福島さんは5月4日の便で帰国してしまった。つまりぼくはカトマンズで1人取り残され、ホテルの一室で隔離されながら、いつ飛ぶかわからない帰国便のチケット探しに奔走しなくてはいけなくなったのだ。

　当初、離発着禁止は14日までの措置と発表されたため、陽性で10日間の隔離が必要なぼくにはたいして問題にはならないだろうと高を括っていた。が、やがてそれは31日まで延期された。また日に日に増えるネパール国内の感染者数を鑑みると、通常の国際線が運航されるには数カ月を要するだろうというのが大方の予想だった。

不幸中の幸いだったのは、手探り状態から始めた帰国便の検索で、早々に「Stranded in Nepal（ネパールで足留め中）」というウェブサイトを見つけられたことだ。ネパールでは昨年も同様の離発着禁止措置が取られていたこともあり、ネパール観光局が中心になって、立ち往生中の外国人旅行者のために国際便などの最新情報を発信するウェブサイトを構築していた。個人では到底集めることができない方々からの情報を、彼らは迅速にまとめてツイッターで流し、旅行者同士のちょっとしたコミュニティのようなものまでが形成されていた。自分の力ではどうしようもない状況に置かれていると、同じような仲間が近くにいる、そして少しずつではあるが事が運んでいるということが実感できて、彼らのツイッターを眺めているだけで心が安らいだ。

そこでまずぼくが学んだのは、その時点で、唯一帰国できる可能性があるとすればチャーター便しかないということだ。紛争地やパンデミック下で自社の社員や自国民の救出が必要だと判断したときに、企業や政府が飛ばす特別機である。日本人にとって一番手っ取り早いのは、日本大使館が用意するチャーター便で帰国することだが、今ネパールには帰国を希望する在留邦人が40人しかいない。昨年のロックダウン時には何便かのチャーター便を手配していた日本大使館も、コロナ禍で旅行者が激減している今回は運航不可能だと判断した（チャーター便の運航には最低140人の乗客が必要）。追い打ちをかけるように、日本政府は5月12日になって、ネパール、インド、パキスタンから日本への入国拒否措置を発表した。感染力の強い変異ウイルスが流行しているこれらの国々からは、日本国籍保持者以外いっさい入国できないことになった。カトマンズ―東京間を飛ぶ便の9割以上がネパール人で埋められることを考えると万事休す。日本大使館によるチャーター便は望めない。どこか他所の国のチャーター便に便乗するしかない。

悶々としながらも、毎日こつこつ続けたリサーチが徐々に成果を出し始めた頃、ぼくはひとつ不思議なことを見つけた。それは、とにかくアメリカ大使館がチャーター便を飛ばしまくるということ。今までに何便飛ばしたのか正確な数字は定かでないが、初動から最も早かったのもアメリカである。「なぜチャーター便を飛ばすのか」というような長文を速攻で大使館のウェブサイトに掲載し、困難に陥った自国民を救うことが我々の第一のミッションだ的なことを高らかに謳う彼らの熱意には、他国民ながら頭が下がるものがあった。こんなアジアの小国にいるアメリカ人なんてヒマラヤ界隈の登山客ぐらいなのに、さすが世界の帝国アメリカ。地球上のどこであろうと資金も労力も惜しまずに市民を助け出すのだ。日本も少しは見習ってもらいたい、と嫉妬心を覚えそうになった。が、詳しく調べてみると内実はそのような能天気な話ではなかった。

現在、ネパールにあるアメリカ大使館はアジア圏で最大の規模を持つ。職員数は在インド・アメリカ大使館の6倍だという。昨年、飛行機が飛ばなくなった時期には3000人から4000人のアメリカ人がネパールで足留めを食らったというからスケールが違う。大企業も資源もないネパールになぜそこまでの勢力が必要なのか？ アメリカは今、日毎に国際的な影響力を増す中国が虎視眈々と狙う南アジア進出を、ネパールで必死に目を光らせて食い止めているのだ。インドと中国という大国に挟まれたここネパールが、それほどまでに国際政治のホットスポットになっていることを初めて知った。

他方、ヨーロッパではスペインが人工呼吸器や酸素ボトルなど100万ユーロ分の医療支援物資をマドリッドからカトマンズに運び入れ、空になった飛行機に自国民を乗せて帰るという一石二鳥なアイデアを実践していた。ぽつぽつではあるがそうして諸外国の旅行者が帰国する姿を、先述のツイッターで目にし始めた。ぼくも、それをただ指をくわえて眺めているわけにはいかない。

当然ながら助けてくれる身寄りがないぼくは、自分で旅行代理店に電話をかけチケットを購入しないといけない（通常の便より割高）。200回以上かけてようやく繋がるような狭き門に、毎日電話をした。稀に繋がったとしても、明るい返事をもらえたことは一度としてなかった。それが昨夜10時、「明日の便に1席だけ空きが出たが、乗るか？」と突然連絡があった。あれほどまでに渇望していたチケットではあるが、いざ手に入るとなると状況が上手く飲み込めず、返事は保留してしまった。今チケットを購入したとして、PCRの検査結果は即日受け取れるのか？ 検査が陽性ならチケット代は返金されるのか？ もしかして旅行者の不安につけ込んだ詐欺ではないのか？ 諸々の心配が襲う。とは言え、この便を逃せば次に帰国できるのはいつになるかわからない。

翌朝（つまり今朝）、旅行代理店へ電話し「今から朝イチでPCR検査を受けるが、病院の公式情報では結果が出るまで12時間かかる。もしPCRの結果がフライトまでに間に合わない（もしくは陽性）なら、今夜の便は諦める。発券と支払いはPCRの結果が出てからにしたい」と伝える。それでいいという返事をもらう。

以降は、綱渡りの連続だった。朝7時にPCR検査を受け、一刻も早く結果が欲しいと伝える。部屋を片付けてパッキングし、今までの滞在費を精算する。日本の保険会社に提出する書類を各所から掻き集める。幸運にも16時にPCR検査の結果が出たと連絡が届く。代理店にチケットの発券をお願いし、最後にPCR検査の陰性証明書を病院で受け取り、空港へ向かう。不慣れなカトマンズの街で、どれかひとつでも滞れば脱出計画はドミノ倒しのように崩れていく。

全てを無事に終えてようやく一息つけたのは、病院近くに住むダワさんに会えた時だった。3週間ぶりの再会。ダワさんとは帰国前にいっしょに食事をしようとか、カトマンズにある山に登ろうとか、いろいろ計画していたが、日に日に厳しくなるロックダウンの状況下でどれも実現しなかった。「コロナにかからないでね。また東京で会いましょう」と別れを告げる。あっけないようだが、それでいいような気もした。

そこから空港まではそれほど遠くなかった。すでに数台の車がターミナルに横付けされていて荷物を下ろしている。その光景を見て、ようやく飛行機が飛ぶのだという実感が湧いてくる。それなのに、ここからがぼくにとってさらなる地獄の始まりだった。

「COVID - 19に関する検査証明」と名付けられた厚生労働省の発行する書類（PCR検査の陰性証明書とは別）と、そこに必要な病院のハンコ、およびPCR検査をしたドクターのサインが足りないことが発覚、それを理由に搭乗手続きを拒否されてしまう。西も東もわからないカトマンズの街に逆戻りし、書類とそこに必要なハンコとサインを求めて駆け回ることになった。

「ロックダウンで良かったね。そうじゃないとこんなの絶対ムリだよ」。若いタクシードライバーが発する片言の英語にぼくは妙に納得するしかなかった。いつの間にか日が沈み真っ暗になった幹線道路を僕の乗ったSUZUKIのタクシーが疾走する。すれ違う車は皆無。信号も法定速度もあってないようなものだ。

なんとか全てを揃えて空港まで舞い戻って来ると、先ほどまでバックパッカーや家族連れで賑わっていたチェックインカウンターが、もぬけの殻だ。「ドーハ行きのお客様はいらっしゃいませんか？ 今すぐ搭乗口にお集まりください」。そう、ぼくは今から、ドイツ大使館の手配したチャーター便で、ドーハを経由して成田に帰るのだ。乾燥させたヤクの糞が唯一の貴重な燃料である国から、世界一裕福な産油国へ。人生初のヒマラヤ、人生初の登山、人生初のコロナ感染、人生初のチャーター便。持てる力の全てを動員したネパールでの40日間が、ようやく終わろうとしている。

シェルパの友だちに会いに行く
エベレスト街道日誌2021

2021年10月10日　第1刷発行
2022年4月10日　第2刷発行

著　者　　石川直樹

発行者　　清水一人
発行所　　青土社

〒101-0051
東京都千代田区神田神保町1-29
市瀬ビル
電　話　　03-3291-9831（編集）
　　　　　03-3294-7829（営業）
振　替　　00190-7-192955

印刷・製本　　　シナノ
ブックデザイン　前田晃伸
編　集　　　　　辻村慶人
イラスト　　　　東海林巨樹

ISBN 978-4-7917-7406-7
Printed in Japan